TaVe

Wahre Geschichten

um

das unbekannte Sachsen

Aufgeschrieben
von
Christoph Pötzsch

TAUCHAER VERLAG

WAHRE GESCHICHTEN Nr. 83

Pötzsch, Christoph:
Wahre Geschichten um das unbekannte Sachsen /
Wahre Geschichten 83
3. Aufl. – [Leipzig]: Tauchaer Verlag 2023
ISBN 978-3-89772-282-8

Satz: Tauchaer Verlag
Herstellung: Sabine Ufer Verlagsherstellung
Printed in EU

ISBN 978-3-89772-282-8

INHALT

GELEIT

Lieber Leser,

wer an Sachsen denkt, dem fallen zuerst die Dresdner Residenz, die Leipziger Messe, der Christstollen oder das Radeberger Pilsner ein. Natürlich hat das seine Berechtigung. Aber der Autor dieser Lektüre ist Sachse! Er betrachtet diese Menschen, ihre Lebensart und deren Blickwinkel auf sich und die Welt, ihre Art zu denken, zu fühlen und zu sprechen auf seine fichelante Art und Weise.

Was der Sachse anfasst, das tut er gründlich! So heißt eine alte Weisheit. Der profunde Kenner der sächsischen Historie, Christoph Pötzsch, erzählt uns in diesem Büchlein kurzweilig, wahre Geschichten aus dem unbekannten Sachsen, kuriose Begegnungen, unglaublich skurril, hochinteressant und bildend. Fernab der Legenden am prunkvollen Dresdner Hof berichtet er von welthistorischen diplomatischen Finessen oder verschiebt die Zeit ohne die Zeitzone zu verlassen.

Ich hoffe, Sie werden beim Lesen genauso viel Vergnügen haben wie ich, genießen Sie dieses Büchlein,

Ihr Tom Pauls

VORWORT

Kaum ein deutsches Bundesland lebt so aus seiner Kultur und Geschichte wie Sachsen. Die größte Denkmalsdichte findet man – in Sachsen. Es dominieren der Barock in Dresden, die aufklärerische Buchstadt Leipzig, das Weihnachtsland Erzgebirge.

Es lohnt aber, weiterzusuchen. Sachsen ist mehr. Ein Überangebot bewirkt manchmal, dass man sich der Fülle wegen auf die großen Überschriften beschränkt und damit in die Gefahr des Übersehens gerät.

Dieses Buch sucht vergessene Geschichten hinter der Geschichte. Hat die Freie Republik Schwarzenberg, die sich heute so fröhlich feiert, je existiert? Was hat der größte amerikanische Strafprozess mit einem Mann aus Kamenz zu tun? Warum sorgte Thomas Mann mit seinen »Buddenbrooks« in Dresden für einen Familienskandal? Warum blieb der Oberlausitzer Ort Schirgiswalde über Jahrzehnte ein rechtsfreier Raum? Wie wurde im Hinterzimmer eines heutigen Dresdner Krankenhauses die Zukunft Europas geplant? Und was hat die russische Oktoberrevolution – sofern es sie überhaupt gegeben hat – mit Dresden zu tun? Diese und andere Geschichten führen weg von den alltäglichen Themen sächsischer Geschichte. Sie fehlen in den hochglanzbebilderten Sachsenbüchern. Aber sie gehören dazu und sollten nicht dem Vergessen anheim fallen. Auch das ist Sachsen.

»DAHINTEN IST SCHON OSTERN …«

Diesmal hatte der Pfarrer aufgepasst. In der Dunkelheit sah er einen Mann, den er aus seiner Gemeinde kannte, schwankenden Gangs auf sich zukommen. Alkohol am Karfreitag, dem absoluten Fast- und Abstinenztag? Unmöglich. Ein größeres Vergehen ist kaum denkbar. Jetzt hatte er ihn! Der Pfarrer rieb sich die Hände. Auch der Torkelnde hatte ihn gesehen. Aber dieser gab sich keine Mühe, dem Pfarrer auszuweichen, der zu einer Strafpredigt ansetzte. Mit unsicherer Zunge unterbrach ihn der Angetrunkene und wies unsicher in die Richtung, aus der er gekommen war: »Aber dahinten ist schon Ostern …«. Die Reaktion des Pfarrers ist nicht überliefert. Auch die geschilderte Anekdote mit dem seltsamen Schlusssatz ist historisch nicht verbürgt. Sie wird aber seit Jahrhunderten in diversen Ausschmückungen in der Gegend um Bischofswerda und Stolpen erzählt.

Sachsen ist Denkmalsland. Überall grüßen von ehernen Sockeln steinerne oder metallene Majestäten herab, verweisen Künstler und Erfinder auf eine Vergangenheit, die man in Sachsen mehr liebt als die Gegenwart. Kaum ein Denkmal ist im Land aber so unbekannt und gleichermaßen beziehungsvoll wie die Ostersäule von Lauterbach. Sie erzählt ein bizarres, heute nahezu unglaubhaftes Kapitel sächsischer Geschichte.

Man findet diese Säule kaum. Sie ist etwas versteckt. Abseits der vielbefahrenen Bundesstraße 6, die von Dresden nach Bautzen führt, wird dem Fahrer der Abzweig nach Lauterbach angezeigt. Ehe man es sich versieht, hat man den kleinen Ort fast schon wieder passiert. Man muss aufmerksam sein. Dann sieht man sie, links an einem unscheinbaren Parkplatz. Der Halt lohnt sich. Hier findet man Weltgeschichte. Dieses Denkmal erzählt ungleich mehr als der ewig goldfunkelnde Reiter in der Dresdner Neustadt oder das martialische Völkerschlachtdenkmal in Leipzig.

Die Aufschrift verwirrt zunächst.

1584
JAR
DAS IST WAR
ZVENE OSTERN
IN EINEN JAR.

Aber sie bestätigt den Trunkenbold, der dem Pfarrer mühsam und mit schwerer Zunge zu erklären versucht, dass da, wo er herkommt und sich die vielen Biere einverleibt hatte, die gestrenge Fastenzeit schon längst vorbei sei. Mit einem Schritt über eine imaginäre Grenze in die alte Zeit. Oder wieder zurück, in die Zukunft. Kirchenrechtlich hatte der Pfarrer keine Chance. Der verderbliche Alkohol wurde auf der anderen Seite der Welt eingenommen, völlig legal. Die andere Seite der Welt war nur einen Schritt entfernt. In der Nähe von Bischofswerda.

Der Weltreisende von heute freut sich, beim Überfliegen der Datumsgrenze – unter sich Samoa in der Südsee – dem Kalender ein Schnippchen zu schlagen. Ein Tag nach vorn, ein Tag zurück. In Sachsen konnte man das auch, ein Schritt nach vorn, doch man hatte damit gleich 10 Tage übersprungen. Und zurück auch. In die Vergangenheit. So konnte man zweimal Ostern in einem Jahr feiern, wie in ungelenken Lettern auf der Ostersäule von Lauterbach angebracht.

Versteht man das Denkmal? Versteht man diese Zeit? Weltgeschichte, gleich bei Bischofswerda?

Man muss weit zurückschauen, um die Geschichte hinter der Geschichte zu finden. Eigentlich beginnt alles im alten Rom. 47 v. Chr. ließ sich Julius Cäsar in Ägypten die bahnbrechenden Erkenntnisse der astronomischen Zeitmessung erklären. Er übernahm dieses komplizierte System der zwölf Monate mit den vermeintlich genauen Berechnungen der Jahresdauer. Ihm zu Ehren nannte man den Kalender den Julianischen. Dieser blieb bis in das 16. Jahrhundert der eherne Maßstab der Zeit. Als aber nach 1500 die europäische Zivilisation durch technische Erfindungen und Entdeckungen neuer Kontinente einen enormen Wissensschub bekam, stellte man fest, dass irgendetwas mit der Zeit nicht stimmen konnte. Man ermittelte das an Hand der beiden Tage im Jahr, an denen es die Tagundnachtgleiche gibt. Am 20. oder 21. März und am 22. oder am 23. September sind Tag und Nacht genau gleich lang. Jedenfalls sollte das so sein. Die klugen Astronomen und Mathematiker stellten nunmehr fest, dass dies beileibe nicht mehr so war. Ihre angestrengten Recherchen über Jahre hinweg ließen sie zur Erkenntnis kommen, dass der Julianische Kalender wohl doch nicht so genau war. Sie hatten Recht. Das Julianische Jahr war gegenüber dem unbestechlichen astronomischen Sonnenjahr um 11 Minuten und 14 Sekunden zu lang. Somit war der Kalender seit der Zeit des Julius Cäsar ordentlich durcheinander gekommen. Über die Jahrhunderte hinweg mussten das schon Tage sein, viele Tage. Eines war jedenfalls sicher: Heute war nicht mehr heute. War diese Feststellung für die Astronomen und Mathematiker ein rein intellektueller Erfolg, so sah der damalige Papst Gregor hierin eine Gefahr. Gewöhnt an die Verehrung des jeweiligen Tagesheiligen war er nun in der Not, nicht mehr sicher zu sein, ob der heute im Kalender stehende Heilige überhaupt noch der richtige war. Oder war es der von gestern?

Also berief Papst Gregor eine Kommission ein, die die am Julianischen Kalender festgestellten Fehler nicht nur analysieren, sondern auch Lösungen vorschlagen sollte. Diese ließen nicht lange auf sich warten. Die neue Rechnung wurde nun identisch mit dem Sonnenjahr. Aber die seit 1500 Jahren jährlich angefallenen Minuten hatten sich inzwischen zu einem erheblichen Zeitpolster addiert. So erließ Gregor am 24. Februar 1582 die päpstliche Bulle »Inter gravissimas curas«. Darin wurde nicht nur das jetzt genaue Zeitmaß eines Jahres definiert, es sollten – um wieder in die reguläre Tagundnachtgleiche zu kommen – 10 Tage gestrichen werden.

Es folgte nach Befehl des Papstes auf den 4. Oktober gleich der 15. Oktober 1582. Dazwischenliegende Tage wurden gestrichen, sie sollte es nie gegeben haben.

Diese Bulle ging wie ein Lauffeuer durch ganz Europa und beschäftigte die gekrönten Häupter. Mathematisch und astronomisch war das neue Kalendarium nicht zu beanstanden, auch die Streichung der 10 Tage war absolut richtig. Das Problem war eher der Verfasser der Bulle. Folgten die Republik Venedig und die katholischen Reichsstände des Heiligen Römischen Reichs dem Befehl ihres katholischen Chefs unverzüglich, weitere katholische Länder wie Böhmen und Ungarn nur unwesentlich später, so taten sich die evangelischen Herrscher schwer. Der Fakt war unstrittig, das Problem war hingegen der Mann dahinter. Was machte das für einen Eindruck, wenn ein lutherisches Land dem Papst folgt? Der gerade in der Blütezeit der Reformation als Antichrist bezeichnete Weiße Mann in Rom als Impulsgeber? Der noch dazu im Recht ist? Undenkbar. Die Polemik dagegen bestand allein darin, dass die Reform, so richtig sie auch sein mochte, vom falschen Mann verordnet wurde. Die evangelischen Herrscher lehnten den neuen Kalender ab, obgleich wissend, dass kein wissenschaftlicher Einwand dagegen erhoben werden konnte. Ein an der Leipziger Universität in Auftrag gegebenes Gutachten empfahl, eine Frist vergehen zu lassen und die Reform später einzuführen, »... *domitt es also diß ansehen nicht haben mochtte, das disfalß ettwas auf den Bapst gesehenn, sondern allein dafür geachtett, das es obberürtter Ursachenn und das allgemeinen Nutzes wegen fürgenohmen undt ins werck gesetzett worden wehre* ...«.

Einstweilen behalf man sich, in allen Kalendern der evangelischen Länder die Daten in zweifacher Weise anzugeben, nach alter und nach neuer Zählung.

Das evangelische Preußen entschloss sich schließlich 1612, den neuen Kalender anzunehmen, als eine rein autonome Entscheidung, die natürlich mit dem Papst und seiner Bulle überhaupt nichts zu tun habe.

In Kursachsen ließ man sich mehr Zeit. Allerdings machen grenzüberschreitende Aktionen Probleme, da konnten schon mal die Termine durcheinanderkommen. Schließlich hatte man mit dem katholischen Böhmen einen Nachbarn, der bereits den päpstlichen Kalender führte. Die Tatsache, dass an der Grenze mit einem Schritt zehn Tage nach vorn gewonnen oder verloren werden konnten, nahm man billigend in Kauf. Da zu dieser Zeit die Lausitz in Habsburgischer Hand, katholisch und mit »päpstlicher Zeit« 10 Tage voraus war, kam es bereits wenige Kilometer östlich von Dresden zu allerlei Spektakel, wie dem Vergnügen, zweimal Ostern in einem Jahr feiern zu können oder dem Pfarrer trotz seines strengen Verweises auf die Fastenzeit völlig legal die Bierfahne ins Gesicht wehen zu lassen.

In Sachsen gewöhnte man sich an die seltsame Situation. Nur Zugereiste wunderten sich. Wie der 1689 aus Italien abgeworbene Bildhauer Balthasar Permoser. In Italien ereilte ihn das lukrative Angebot an den Dresdner Hof. Er verließ Florenz und machte auf dem Weg in die sächsische Residenz unterwegs Station in seiner bayerischen Heimatgemeinde. Am 13. Mai verließ er den Chiemgau und war völlig verstört, am 10. Mai in Dresden angekommen zu sein.

CONCLUSUM
CORPORIS EVANGELICI
De emendatione Calendarii
JULIANI,
Oder:
Der Evangel. Reichs-Ständen
zu Regenspurg
Einmüthiger Entschluß/
Von
Verbesserung des Julianischen
Calenders/
Samt beygefügten
der Schwedischen Mathematicorum
Vorschlag
und anderer Bedencken vom Calender-Wesen.

Leipzig/
Bey Friedrich Lanckischen Erben. 1699.

Erlass der
»Verbesserung des Julianischen Kalenders« 1699.

Die Todesstunde für den antiquierten Julianischen Kalender schlug in Kursachsen schließlich 1699. Als August der Starke 1697 die polnische Königskrone erwarb, wurde Sachsen von dem mehr als 100 Jahre währenden Versäumnis eingeholt. August war nun Regent von Sachsen und Polen, folglich auch Regent in zwei Zeitzonen, denn Polen hatte als katholisches Land die gregorianische Reform bereits 1582 eingeführt. Jetzt hatte August das Chaos auf dem Schreibtisch. Termine kamen durcheinander, Diplomaten warteten vergeblich aufeinander, Briefe kamen an, bevor sie abgeschickt wurden. Nichts ging mehr in der kurfürstlich-königlichen Kanzlei.

August will die besondere Stellung des sächsischen Kurfürsten nutzen und kämpft für die Einführung des gregorianischen Kalenders, nun endlich mit nahezu 120 Jahren Verspätung. Und fast hat er Erfolg. Aber nur fast. Im Kreise der in Regensburg tagenden evangelischen Landstände ist er als Person nicht sonderlich beliebt. Er, der kurz vorher von der lutherischen zur katholischen Konfession gewechselt war. Die Einführung des Kalenders, der den Namen eines Papstes trägt? Undenkbar. Auch wenn der Kalender nicht zu beanstanden ist. Aber bitte nicht »gregorianisch«. Schließlich kommt August dem Starken der vermittelnde Gedanke. Er hat eine passende und politisch korrekte Formulierung gefunden: Am 23. September 1699 wird in den lutherischen Ländern endlich die neue Zeit mit dem Namen »Verbesserter Julianischer Kalender« eingeführt.

Damit endet ein seltsames Kapitel der sächsischen Geschichte. Das Denkmal dazu steht weder auf einem Marktplatz noch vor einem schillernden Repräsentationsgebäude in der barocken Residenz. Versteckt ist es, auf einem kleinen Parkplatz in der Nähe von Bischofswerda, dort, wo man viele Jahre lang Weltgeschichte mit einem einzigen Schritt zurücklegen konnte.

LACKSCHUH ODER STIEFEL

Am 26. Juni 1813 fährt eine Kutsche durch die Dresdner Friedrichstadt in den Ehrenhof des Marcolinischen Palais. Es ist wenige Minuten nach 12 Uhr. Der livrierte Diener reißt die Tür des Gefährts auf. Ohne Eile steigt der Fahrgast aus. Er hat einen Termin beim Kaiser, eigentlich um 12 Uhr. Aber Unpünktlichkeit ist ein Spielball der Diplomaten. Man kommt in diesen Kreisen gern zu spät. Dies zeigt dem Wartenden, dass er so wichtig auch nicht sei. Sogar ein Kaiser muss das aushalten. Napoleon trommelt indes nervös mit seinen Fingern auf der Marmorkante des Kamins im Chinesischen Zimmer. Eine Unverschämtheit, zu spät zu kommen. Er wartet auf seinen Gast, den österreichischen Außenminister Clemens Wenzeslaus Fürst von Metternich. Napoleon hat eine sehr spezielle Beziehung zu Metternich. Beide kennen sich schon lange. 1805 hatte Napoleon Metternich als österreichischen Botschafter nach Paris gelotst. Er war sein Wunschkandidat. Ein kluger Analytiker, mit brillanten Kenntnissen in Geschichte, Philosophie und Mythologie. Ein Querdenker. All das, was der Machtmensch Napoleon nicht war. Von dem konnte man lernen.

Jetzt, im Juni 1813, waren andere Zeiten angebrochen. Napoleon hatte in Russland eine verheerende Niederlage hinnehmen müssen und war dabei, eilends sein Heer aufzufüllen. Alles schien wieder gut für den Kaiser der Franzosen.

Metternich dagegen war sich sicher, dass Napoleons Stern im Sinken war. Und er musste handeln, damit sein Österreich nicht gemeinsam mit Napoleon unterging. Immerhin war Österreich Napoleons Verbündeter. Aber die Sache war noch komplizierter. Napoleon hatte aus politischem Kalkül die habsburgische Kaisertochter Marie Louise geheiratet. Aber all diese Rücksichten musste Metternich über Bord werfen. Das Bündnis musste in jedem Fall gelöst werden. Und noch etwas verfolgt der österreichische Minister. Er weiß, dass das gesamte kriegsmüde Europa auf dieses Treffen in Dresden sieht. Es muss ein langes Gespräch werden, auch wenn das Anliegen des Termins nur für eine halbe Stunde reicht. Je länger es dauert, umso mehr wüchse Metternichs Ansehen. Ein Mann, der mit dem Imperator lange um den Frieden ringt. Dieses Image will Metternich aus Dresden mitnehmen.

Chinesisches Zimmer im Marcolinischen Palais zu Dresden.

Dabei kommt Metternich ein unglaublicher Zufall zu Hilfe. Im Vorzimmer raunt man ihm zu, der sächsische König habe um 14 Uhr eine Audienz bei seiner Kaiserlichen Majestät. Bis dahin müsse das Gespräch mit Napoleon beendet sein. Metternich hält die Luft an. Das ist die Chance, auf die er eigentlich nicht hoffen konnte. Nun muss er nur noch versuchen, sein Gespräch mit Napoleon derart in die Länge zu ziehen, dass der König draußen im Wartezimmer nervös wird. Spricht sich herum, dass sogar ein König wegen der Metternichschen Friedensmission warten muss, so ist das genau das, was er will. Metternich ist Diplomat, er weiß, es sind nicht allein die Inhalte, die ein solches Amt ausfüllen. Das diplomatische Geschäft lebt auch vom Schauwert, von Wirkung. Also nimmt sich Metternich vor, wenigstens bis 14.30 Uhr mit dem Kaiser zu reden. Egal worüber. Hauptsache Zeit schinden. Ein im Wartezimmer mit den Füßen scharrender König ist ein zu gutes Argument.

Metternich beginnt das Rededuell mit einem nüchternen Angebot. Aber er trifft den Kern. Die Gegner Napoleons wie auch die Österreicher bieten dem Kaiser einen Friedensvertrag an. Dafür müsse der Korse eroberte Gebiete zurückgeben. Nur dann gäbe es den Frieden. Und nur dann könne der Österreichische Kaiser auf Dauer Napoleons Verbündeter bleiben. Metternich ist sich sicher, dass Napoleon ablehnen wird. Er hat Recht. Diese Konstellation greift an Napoleons Ego. Napoleon ist zu sehr Soldat. Er tobt, schleppt Metternich an den Kartentisch, erläutert seine neue Strategie, verweist stolz auf sein aufgefülltes Heer. Alles Kinder und keine Soldaten, pariert Metternich betont gelangweilt. Der Österreicher redet wenig. Ihm genügt es, den Kaiser zu provozieren. Dieser reagiert ganz im Sinne Metternichs mit langen Vorträgen, fabuliert über Ehre, darüber, dass ihm das

Schicksal von einer Million Soldaten herzlich egal sei. Wenn Napoleon fertig ist und den Österreicher erwartungsvoll ansieht, zuckt dieser nur die Schultern und gibt dem Kaiser ein weiteres Stichwort für ellenlanges Dozieren. Napoleon kommt keinen Millimeter weiter. Hat er wirklich vor Wut über den ihm listig angetragenen Friedensvertrag seinen Hut auf das Parkett geworfen, wie später und über die Jahrzehnte hinweg kolportiert wird?

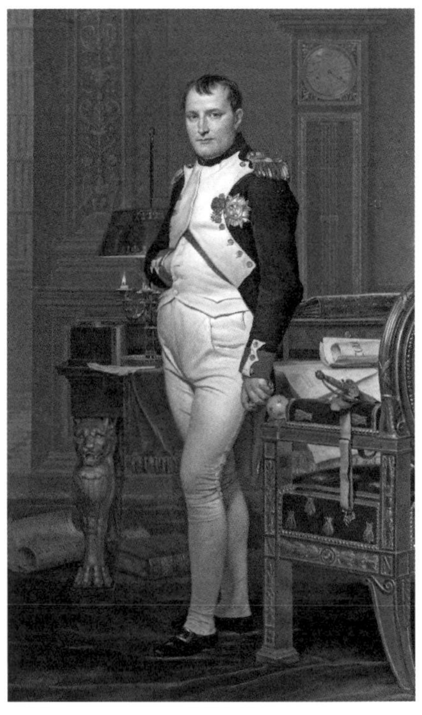

Kaiser Napoleon I.

Napoleon und Metternich waren in diesem Duell ohne Zeugen. Es gibt keine neutrale Darstellung. Beide haben später Notizen angefertigt, freilich jeweils aus genehmer Sicht. Für Napoleon ist der Schachzug Metternichs billiger Verrat. Der Österreicher sieht indes weiter. Für ihn ging es in Dresden um nichts weniger als die Zukunft Europas. Man wird ihm später mehr glauben, er ist der Sieger in diesem Duell.

Das Gespräch dreht sich erwartungsgemäß im Kreis. Ein Friedensvertrag, dazu noch mit Gebietsverlusten, ist für Napoleon nicht hinnehmbar. Höchstens ein kurzer Waffenstillstand. Immer wieder beginnt Metternich von vorn. Die Uhr läuft für ihn.

Metternich ist schweißüberströmt, als er schließlich das Chinesische Zimmer verlässt. Sein Ziel, dem Kaiser ein Nein zu einem Friedensvertrag zu entlocken, hat er erreicht. Das war so schwer nicht. Aber hat er auch genügend Zeit geschunden, um als Kämpfer für den europäischen Frieden wahrgenommen zu werden? Kein einziges Mal hatte Metternich auf die Uhr gesehen. So etwas schickt sich nicht für einen Diplomaten. Und er hat in diesem Auf und Ab mit Napoleon völlig das Zeitgefühl verloren. Die Helligkeit draußen war auch keine verlässliche Größe, im Juni ist es nahezu immer hell. Im Vorzimmer hält er Ausschau nach dem wartenden sächsischen König. Aber der ist nicht mehr da. Die Lakaien vermelden, er sei schon vor Stunden verärgert gegangen. Metternich schaut auf seine Uhr. Es ist 20.30 Uhr. Nicht zu glauben, er hat mehr als acht Stunden mit Napoleon gesprochen. Metternich schüttelt den Kopf. Ein Tag wie Samt und Seide. Dem Kaiser eine Falle gestellt, in die dieser tappen wird, mehr als acht Stunden für den Frieden gekämpft und dazu noch einen König desavouiert. Diese acht Stunden werden sich herumsprechen. Mehr geht nicht. Nun muss Napoleon nur noch die Verlängerung des Waffenstillstands unterschreiben. Diese Zeit werden die Gegner Napoleons nutzen, um aufzurüsten.

Am nächsten Tag spricht Metternich wieder vor, um die Unterschrift des Kaisers abzuholen. Aber Napoleon fehlt. Er ist mit dem sächsischen König unterwegs, um ihn für die Wartezeit des vorherigen Tages zu entschädigen. Metternich wartet mit stoischer Ruhe. Stunden. Schließlich kommt Napoleon, unterschreibt wortlos und schiebt das Blatt Metternich hin, ohne ihn anzusehen. Grußlos verlässt der Kaiser den Raum. Metternich ist es egal. Er hat alles, was er braucht. Der Waffenstillstand ist unterschrieben. Und Napoleon hat sich einem Friedensvertrag verweigert. Nach Ablauf des Waffenstillstandes erklärt der österreichische Kaiser seinem Schwiegersohn Napoleon den Krieg mit der Begründung, dieser habe seine Chance in Dresden gehabt und vertan.

Geschichte wird vorwärts gelebt und rückwärts beurteilt. Ein Moment, mäßig im Augenblick, kann in der historischen Betrachtung mitunter gewinnen. Dies gilt für den 26. Juni 1813 nicht. Metternich weiß schon an diesem Tag, dass er hier Weltgeschichte geschrieben hat. Er weiß es, Napoleon weiß es dagegen nicht. Für den Kaiser war es nur eine ärgerliche Bündniskorrektur, die seiner Größe keinen Abbruch tun würde. Meinte er. Aber Metternich war überzeugt, dass sich Napoleon an seiner eigenen Größe verschluckt hat. Der Kaiser der Franzosen war letztlich Soldat und dachte nur in den Kategorien von Schlachten. Aber nicht immer ist ein Sieg ein Sieg. Metternich, der kühle intellektuelle Vernunftsmensch, der sezierende Analytiker mit strategischem Weitblick. Gegen ihn hatte Napoleon keine Chance. Metternich hat in diesem Dresdner Zimmer das Kunststück fertiggebracht, alle wesentlichen Kriegsmächte gegen Napoleon zu vereinen. Ein Zeitalter geht zu Ende. Wenige Wochen später verliert

Napoleon die Völkerschlacht bei Leipzig gegen die Allianz, die nun gemeinsam mit den Österreichern kämpft. Wie ein geprügelter Hund flüchtet er, wird auf Elba interniert. Auch sein letztes Aufflackern endet, in Waterloo. Alles hat Metternich vorhergesehen.

Clemens Wenzeslaus Fürst von Metternich.

In seinem Exil auf St. Helena reflektiert Napoleon seine Niederlage. Er korrespondiert mit der Dresdner Gräfin Kielmannsegge, bis zu seinem Tod 1821. Kann er sich dazu durchringen, in den acht Stunden des Rededuells mit Metternich sein eigentliches Ende zu sehen? Seine Briefe bleiben diesbezüglich nebulös, weichen aus ins Persönliche. Lediglich einmal wird Napoleon ungewöhnlich deutlich. Beim Diktat seiner Memoiren auf St. Helena hebt sein Chronist Emmanuel de Las Cases überrascht den Kopf, als er hört: »Es gibt nur zwei Mächte auf der Welt, den Säbel und den Geist. Auf die Dauer wird der Säbel immer vom Geist besiegt.« Das aus Napoleons Mund? Den Namen Metternich lässt er in diesem Zusammenhang nicht fallen. Ist dieser Satz das Eingeständnis seiner Niederlage, die im Chinesischen Zimmer des Marcolinischen Palais ihren Anfang fand? Hätte er nicht eher schreiben müssen, dass auf Dauer der Stiefel des Soldaten gegen den Lackschuh des Diplomaten keine Chance hat?

Im Herbst das Jahres 1858 fährt wieder eine Kutsche vor das Palais Marcolini in der Dresdner Friedrichstadt. Sie hält im Ehrenhof, heraus quält sich ein 85 Jahre alter Mann. Es ist Fürst Metternich. Er hat längst kein Amt mehr. Er spürt sein Alter, er spürt seine abnehmenden Kräfte. Es ist inzwischen eine andere Zeit angebrochen, aber er weiß, dass diese Zeit ohne ihn eine andere wäre. Er hat sich von Wien aufgemacht nach Dresden. Er muss Dresden noch einmal sehen. Es ist nur ein Gefühl, das ihn treibt. Aber das wurde immer stärker, drängender. Noch einmal im Zimmer stehen, in dem er den Abstieg Napoleons besiegelte. Jetzt heißt das Zimmer Napoleonzimmer. Sollte es nicht Metternichzimmer heißen? Dem Fürsten ist das egal. Er ist fast blind und tastet in dem Zimmer mehr als er sieht. Der genius loci ist nicht mehr ohne weiteres zu greifen. Das Marcolinische Palais ist längst ein Stadtkrankenhaus geworden. Streicht Metternich über die Marmorkante des Kamins? Das war vor 45 Jahren der Platz Napoleons. Dort hatte sich der Kaiser festgekrampft. Musste Metternich noch einmal nach Dresden kommen, weil er einen Abschluss braucht? Der Wiener Kongress, ja das war seine große Zeit. Der Deutsche Bund, mit dem er fast ganz Europa in ein staatliches System presste, ja, der war wichtig. Die Jahrzehnte, in denen ohne ihn nichts in Europa lief. Aber nichts geht ihm über das kleine Zimmer in der Dresdner Friedrichstadt. Dieser 26. Juni 1813 war der Höhepunkt seines Lebens. Von diesem zweiten Besuch im Napoleonzimmer wird er keine Notiz mehr anfertigen. Er hat Napoleon um 38 Jahre überlebt. Hat Metternich, als er wieder in seine Kutsche steigt, Tränen in den halbblinden Augen?

Blickt er sich noch einmal um, als die Kutsche losfährt? Kann er jetzt abschließen?

Metternich kommt geschwächt in Wien an, wenige Wochen später ist er tot.

INSEL IN DER OBERLAUSITZ

»Die bürgerlichen und moralischen Zustände in der Enklave Schirgiswalde befinden sich in einer totalen Zerrüttung. Fast niemand will mehr daselbst der Obrigkeit Gehorsam leisten, die rohesten Exzesse gehen ungefragt vorüber. Wirksame Abhilfe ist nach den dermalen noch bestehenden Ressortverhältnissen nicht wohl möglich …«

Zitterte die Hand des Empfängers beim Lesen dieses Briefes? Womöglich vor Ärger darüber, dass man ihn, den österreichischen Staatskanzler, mit dieser Kleinigkeit behelligte? Klemens Wenzel Fürst von Metternich war zu dieser Zeit die unbestrittene Führergestalt in Europa. Er hatte die Weichen für den Niedergang Napoleons gestellt, den Wiener Kongress geleitet und Europa neu geordnet. Ohne Metternich ging nichts in der Alten Welt. Und jetzt, am 8. Juli 1844, als es in Europa rumorte und sich landauf und landab Revolutionen andeuteten, wurde er, auf dem Höhepunkt seiner Macht, mit den Streitigkeiten in einem winzigen Oberlausitzer Ort konfrontiert, fernab des regierenden Wiens.

Metternich reagierte keineswegs ungehalten auf die Mitteilung des sächsischen Gesandten, die heute noch im Wiener Hauptstaatsarchiv aufbewahrt wird. Schirgiswalde war im politischen Wien durchaus ein Begriff. Seit Jahrzehnten blieb der Status dieser kleinen Gemeinde in der Nähe von Bautzen ungeklärt und gab Anlass zu politischen Spannungen. An Schirgiswalde hatten sich Generationen von Diplomaten die Zähne ausgebissen. Und Schirgiswalde profitierte indes von dieser Situation, zu keinem Staatswesen zu gehören.

Legenden haben sich seit Jahrhunderten um diesen Ort gebildet. Republik Schirgiswalde. Treff der Schmuggler. Rechtsfreies Territorium. Zufluchtsort politisch Verfolgter und Gestrandeter. Schutzraum von Deserteuren und Räuberbanden. Ort ohne Recht und Gesetz.

Angefangen hatte dieses Verwirrspiel bereits 1635. Der Habsburger Kaiser, gleichzeitig böhmischer König, belohnte die Bündnistreue des sächsischen Kurfürsten im Dreißigjährigen Krieg und übergab dafür die bis dato böhmische Ober- und die Niederlausitz an Kursachsen. Unter zwei Bedingungen: In den beiden Lausitzen sollte der katholische Glaube erhalten bleiben. Und der Kaiser legte ein paar Orte fest, die böhmisches Staatsgebiet bleiben sollten, auch wenn sie künftig von sächsischem Territorium umschlossen sein würden. Diese Orte ließ er auf eine Liste schreiben. Allerdings führte seinem Kanzlisten bei Abfassung des Papiers die Nachlässigkeit die Hand. Schrieb er Schirgiswalde noch richtig, so wurde aus Leutersdorf Lenkersdorf und aus Taubenschänke Taubentraube. Und ganz eindeutig war die Auswahl der Exklaven, die ausdrücklich böhmisch bleiben sollten, auch nicht, denn die Liste schloss mit den vielsagenden Buchstaben »etc«. Bereits hier wurde die Saat für die kommenden chaotischen Zustände gelegt.

Unstrittig war zunächst, dass mit Schirgiswalde mitten im erweiterten Sachsen nunmehr eine böhmische Exklave existierte. Damit arrangierte man sich mehr schlecht als recht. Das große Durcheinander begann 1809. Sachsen stand an der Seite Napoleons, diesmal gegen die Habsburger. In der Schlacht bei Wagram fuhr Napoleon einen grandiosen Sieg ein und gedachte, den sächsischen König, seinen Bundesgenossen, für seine Waffenbrüderschaft angemessen zu belohnen. Kaiser Napoleon hatte vor, ein großes

Stück von Böhmen abzutrennen und Sachsen anzugliedern. Nach diesem Plan hätte die künftige sächsisch-böhmische Grenze kurz vor Prag gelegen. Die Böhmen, wie auch der habsburgische Kaiser, waren entsetzt. Ihnen kam der Zufall zu Hilfe. Die Engländer rüsteten zum Kampf gegen Napoleon und landeten in den Niederlanden. Napoleon blieb nichts anderes übrig, als sofort zu den Waffen zu rufen. Für große Grenzverhandlungen mit den Böhmen und dem Kaiser blieb nun keine Zeit mehr. Der Plan, Sachsen zu erweitern, war gescheitert.

Hastig verfügte Napoleon, dass wenigstens die böhmischen Exklaven an Sachsen fallen sollten.

Für Sachsen war das nach der erhofften Vergrößerung des Landes nur ein schwacher Trost. Aber wenigstens mehr als nichts. Dann wären zumindest alle unliebsamen Grenz- und Zollfragen mit Böhmen künftig geklärt. So erhielt mit Schreiben vom 10. Januar 1810 der sächsische Oberamtshauptmann von Kiesewetter den Auftrag, die Übergabe der böhmischen Exklaven vorzubereiten. Am 14. März 1811 traf sich eine beiderseits hochrangig besetzte Kommission. Die Sachsen wollten die Exklaven schnell haben, die Böhmen sie hingegen behalten.

Die Böhmen regierenden Habsburger legten gleich zu Verhandlungsbeginn dar, dass man nicht nur über Schirgiswalde, sondern über alle Exklaven reden wolle. Begeistert ging die sächsische Delegation sofort darauf ein und tappte folgerichtig in die klug gestellte Falle. War doch die 1635 aufgesetzte Liste der Exklaven nicht vollständig, sondern mit einem ungewissen »etc.« versehen worden. Nun, so die Habsburger, müsse erst langfristig ermittelt werden, welche Orte denn mit »etc« gemeint sein könnten. Und solange nicht die Orte Lenkersdorf und Taubentraube gefunden werden, könne an Übergabe nicht gedacht werden. Auf die verzweifelten Hinweise der Sachsen, dass hier simple Schreibfehler vorlägen, hatten die Habsburger nur ein müdes Lächeln übrig. Sie blockierten und mauerten. Schließlich mussten höhere Repräsentanten eingeschaltet werden. Bis zum Frühjahr 1813 dauerten die Verhandlungen. Fast sah es so aus, als ob es nun doch zur formellen Übergabe von Schirgiswalde kommen sollte. Doch dann verhinderte die Völkerschlacht bei Leipzig weitere Klärungen. Die Politiker hatten jetzt anderes zu tun.

Und die Einwohner von Schirgiswalde?

Die waren mit der Situation sehr einverstanden. Etwas Besseres konnte ihnen nicht passieren. Sie genossen die Freiheit in ihrem staatenlosen Ort. Politische Autoritäten in Schirgiswalde? Fehlanzeige. Weder Böhmen, noch Habsburger, noch Sachsen ließen sich sehen. Die hatten mit sich, den komplizierten Verhandlungen und letztlich mit Kriegswirren zu tun. Steuern zahlte man in Schirgiswalde nicht. Wem auch? Für die Schirgiswälder waren die kommenden Jahre ein paradiesischer Zustand. Während man sich in Wien in gelehrten Zirkeln darüber stritt, ob Schirgiswalde nun noch zu Böhmen oder bereits zu Sachsen gehöre, regelten die Einwohner des kleinen Oberlausitzer Ortes ihre Angelegenheiten selbst und genossen Autonomie. Mehr und mehr sprach sich die seltsame Situation in deutschen Landen herum. Wollte man sich den brutalen Werbern für das Heer entziehen, so ging man nach Schirgiswalde, dort lebte man im rechtsfreien Raum. Die Alteinwohner machten hervorragende Geschäfte, indem sie junge Männer in ihre Familien aufnahmen und sich dafür gut bezahlen ließen. Auch Deserteure zogen nach Schirgiswalde und waren hier vor Verhaftung geschützt. Der landesweit gesuchte Räuberhauptmann Wenzel Kummer, in die Geschichte als »Böhmischer Wenzel« eingegangen, hatte seine sichere Unterkunft ebenfalls in Schirgiswalde. Der Schmuggel blühte. Bei Nacht und Nebel holte man Waren aus dem nahegelegenen Böhmen und verkaufte sie ohne jegliche Steuern auf dem Markt in Schirgiswalde zu konkurrenzlos niedrigen Preisen. Schirgiswalde wurde zu einem begehrten Handelsplatz.

Unzählige Händler aus Hamburg, Lübeck und Bremen kamen mit wertvollen Stoffen und Gewürzen, führten sie zollfrei nach Schirgiswalde ein und schmuggelten die Waren dann ins Böhmische, um sie zu verkaufen. Die Händler der Nachbargemeinden, die sich auf sächsischem Territorium befanden, erlitten erhebliche Einbußen und reichten Klage ein. Aber welches Gericht sollte in Schirgiswalde entscheiden? Es gab keins. Die einzige Autorität im Ort, das katholische Domkapitel St. Petri, hielt sich in einer Mischung aus Klugheit und Hilflosigkeit mit politischen und juristischen Handlungen zurück.

Die Krone setzten sich die Schirgiswälder mit dem Böhmischen Lotto auf. Das Böhmische Lotto war in Sachsen ebenso beliebt wie streng verboten, was viele Sachsen verdross. In Schirgiswalde war 1809 das Böhmische Lotto eingestellt worden, nachdem sich die Böhmen zurückgezogen hatten.

Sofort gründeten sich in Schirgiswalde private Lottoagenturen. Die Schirgiswälder waren erfreut, die im Umland wohnenden Sachsen nicht weniger. Konnten sie doch völlig legal, weil auf rechtsfreiem Grund, ihrer Wettleidenschaft frönen. Mittwochs und sonntags wurden die Gewinne gezogen.

Die privaten Lottoagenten mussten sich kein neues Wettspiel ausdenken, sie übernahmen einfach das Böhmische Lotto, auch die wöchentlichen böhmischen Gewinnzahlen. An Annahmeschlusszeiten waren sie nicht gebunden, so nahmen sie Lottoscheine auch dann noch an, wenn im benachbarten Böhmen bereits die

Gewinnzahlen gezogen waren. Aber in Schirgiswalde mehrten sich auf unerklärliche Weise die Hauptgewinne. In der Zeit, die der berittene Bote brauchte, um die gezogenen Zahlen aus dem Böhmischen nach Schirgiswalde zu bringen, hatten findige Glücksspieler die Gewinnzahlen mit Lichtsignalen von Berggipfel zu Berggipfel aus dem Böhmischen nach Schirgiswalde gesendet und konnten vor dem offiziellen Eintreffen der Zahlen noch schnell ihren Tippschein abgeben.

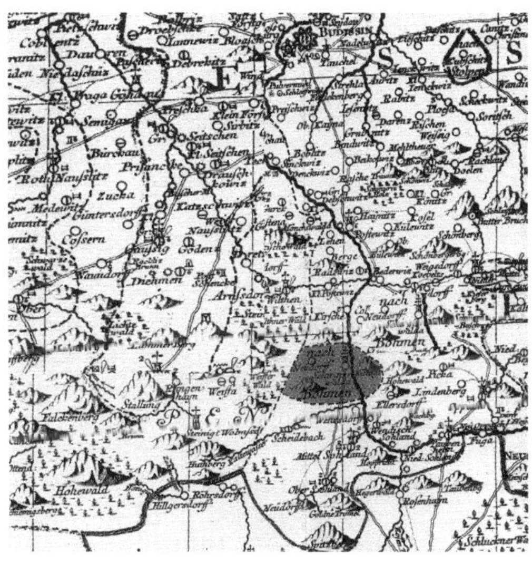

Historische Karte mit der Einzeichnung von Schirgiswalde als böhmische Exklave.

Bald erkannten die Schirgiswalder Lottounternehmer diese Lücke im System und schlossen sie. Nun war Annahmeschluss zu gleicher Zeit wie in den böhmischen Orten.

Dies tat aber der Lottosucht keinen Abbruch. Bis aus Dresden kamen die Lottofans, um hier zu spielen. Noch heute wird von einem märchenhaften Gewinn erzählt, den ein reisender Tabakhändler einfuhr, als er den gesamten Wert seiner Warenladung einsetzte, gewann und um 20.000 Taler reicher Schirgiswalde wieder verließ.

Langsam wuchs sich die Lage in dem kleinen Städtchen zu einem Skandal aus. Nach Jahrzehnten ohne staatliche Autorität hatten die Einwohner ein Selbstbewusstsein ohnegleichen entwickelt. Ihnen konnte keiner. Und nach wie vor wusste man in Böhmen und Sachsen nicht, wie man mit dem Ort umgehen sollte. War es nun doch bereits ein sächsischer Ort? Oder immer noch ein böhmischer? Oder wirklich ein staatenloses Gebilde? Die erste Hälfte des 19. Jahrhunderts mit ihren weltpolitischen Verwicklungen hinderte Sachsen und die Habsburger daran, sich dieser Sache endgültig anzunehmen.

Die einzig halbwegs akzeptierte Autorität im Ort war ein als Justitiär bezeichneter und von der Kirche eingesetzter Amtmann. Dieser hielt über Jahre hinweg still, ließ alles laufen und genoss das süße Nichtstun. Als er sich in den Ruhestand verabschiedete, beauftragte das katholische Domkapitel einen neuen Justitiär. Dieser Ignatz Knüpfer kam am 22. Februar 1840 ins Amt und legte eine überraschend ehrgeizige und strenge Amtsführung an den Tag. Das waren die Schirgiswälder nicht gewohnt. Als Knüpfer die Witwe des Gasthofsbesitzers Nitsche wegen einer Steuerschuld vorlud, erschien ihr vierschrötiger Sohn und erklärte unmissverständlich, dass Steuern in Schirgiswalde Fremdworte seien. Knüpfer kannte solche Töne nicht und sperrte den frechen jungen Mann kurzerhand ein. Jetzt ging ganz Schirgiswalde auf die Straße und demonstrierte. Das Gemeindehaus wurde gestürmt,

Knüpfer verprügelt und aus der Stadt gejagt. Das katholische Domstift konnte seinen Justitiär natürlich nicht im Regen stehen lassen und forderte eine Kompanie Soldaten an, um der Unruhen Herr zu werden. Als die Soldaten an der Stadtgrenze angekommen waren, wurde ihnen von den Schirgiswäldern bedeutet, dass der Tumult vorbei sei, dass es eigentlich noch nicht einmal einen gegeben habe und man überdies seit Jahrzehnten gewohnt sei, alles selbst zu regeln. Die Kompanie blieb über Nacht im benachbarten Kirschau und rückte schließlich unverrichteter Dinge wieder ab.

Dumm nur, dass das Domkapitel von der Kompanie eine Rechnung für den Einsatz bekam. Letztlich war es diese Rechnung, die das Totenglöckchen für die Freiheit der Schirgiswälder läuten ließ.

Das Domkapitel wollte die Rechnung nicht begleichen und schickte sie an die königliche Verwaltung nach Dresden. Dort vagabundierte sie durch die Schreibstuben, bis man sie hilfesuchend mit einem Klagebrief über den unhaltbaren Zustand in diesem zänkischen Ort an Staatskanzler Fürst Metternich nach Wien sandte. Weiteres ist bekannt.

Zitterte die Hand Metternichs beim Lesen des Briefes, der da aus Sachsen kam? Vielleicht musste er lachen über diese Provinzposse. Oder machte er sich Sorgen? Wohl eher letzteres.

Jetzt ging alles sehr schnell. Metternich fürchtete nichts so sehr wie das Übergreifen von revolutionären Aktionen. Jeder Aufstand, und sei er noch so unbedeutend, war ihm suspekt, schon erst recht, wenn er sich gegen eine Autorität richtete. Sofort wurde Metternich beim Kaiser vorstellig. Seine Begründung, den Fall Schirgiswalde schnellstens zu bereinigen, war dramatisch formuliert: »*Die kaiserliche Regierung würde eine schwere Verantwortung auf sich laden, wenn man diese verbrecherischen Ausbrüche dulden würde*«. Der Kaiser nickte und hatte verstanden. Metternich bekam freie Hand und verfügte das Weitere.

Am 4. Juli 1845 wurde die sogenannte Realübergabe des Oberlausitzer Ortes Schirgiswalde an Sachsen vollzogen. Die 36 Jahre währende Zeit der Anarchie in Schirgiswalde war damit unwiderruflich vorbei.

Mit dem listigen Begriff der Realübergabe zogen sich die Sachsen und die Habsburger geschickt aus der Affäre. Sie erklärten damit, dass Schirgiswalde eigentlich bereits 1809 sächsisch geworden war und nun erst die reale Übergabe nachgeholt wurde.

Für die Schirgiswälder brachen neue Zeiten an. Schlechtere. Jetzt mussten wieder Steuern bezahlt werden. Jetzt gab es wieder eine Obrigkeit. Die Glücksritter, Deserteure, Schmuggler und Lottohändler verließen schleunigst den kleinen Ort in der Oberlausitz und ließen sich nie wieder sehen. Normalität zog ein.

So schnell endete ein besonderes Kapitel der sächsischen Geschichte. Die Schirgiswälder blieben aber auch nach 1845 eine verschworene Gemeinschaft, an der sich staatliche Autoritäten weiterhin die Zähne ausbissen. 100 Jahre später bekamen das die Machthaber der DDR zu spüren. Trotz Verbotes bauten die Schirgiswälder eine Friedhofskapelle mit einem hohen Glockenturm. Und nie verschwanden die Kreuze an den Wänden der Schulzimmer. Aber das ist schon wieder eine andere Geschichte …

ALPTRAUM AUS LEIPZIG

An einer der wichtigsten Stellen der Dresdner Stadtgeschichte befindet sich heute tristes Niemandsland. Unmittelbar an der Elbe, auf der Neustädter Seite, gegenüber der weltberühmten Stadtsilhouette. Ein kahler Parkplatz, an dessen Westseite sich das Maul einer Tiefgarage öffnet. Mehr ist da nicht. Früher war dieser Ort kleinteilig bebaut, schmale pittoreske Häuser zogen sich auf krummen Wegen zur Elbe hin. Goethe ging hier ein und aus, Schiller sowieso, der wohnte da für zwei Jahre. Die Wohnung der Familie Körner am Kohlmarkt 1 war der Treffpunkt für Dichter und Denker. Mozart spielte auf dem Hammerklavier, derweil er von der Malerin Dora Stock angehimmelt und porträtiert wurde. Schopenhauer arbeitete an seiner Farbenlehre, schräg gegenüber. Wenige Meter entfernt residierte die Dresdner Königin der Romantik, Elisa von der Recke, in ihrem Haus, das ihr die russische Zarin finanziert hatte. Die Straße »Am Kohlmarkt« ist verschwunden, inzwischen überbaut von einem riesigen Hotel. An dieser Stelle beginnt der Lebensweg eines Mannes, der die Tochter seines Lehrmeisters heiratet. Die Ehe wird unglücklich, trotz zweier Kinder. Sie lernt den besten Freund ihres Ehemannes kennen, wird von diesem schwanger, schiebt ihrem Mann das Kind zunächst unter. Ihr Mann fügt sich dieser Ménage à trois. Er vergöttert seinen Nebenbuhler. Er wird ihm verzeihen, dass er ihm die Frau ausspannt. Er gibt ihm sogar alle Rechte dazu. Ein solches Thema ließe sich heute eher in den Realitysoaps des deutschen Privatfernsehen verorten. Aber diese Geschichte, in die sich zum Überfluss noch ein in den Nebenbuhler verliebter König einmischt, ist fast 200 Jahre alt und hat in der Mitte des 19. Jahrhunderts Deutschland in Atem gehalten.

Dieser Alptraum beginnt in Dresden, führt nach Leipzig und endet in Kairo. Dazwischen schlägt er Bögen über Berlin, die Schweiz wird besucht, Franken nicht zu vergessen, dann wieder Berlin. Es wird eine weite Reise werden, eine spannende, eine tragische, letztlich trotz aller Rückschläge dann auch eine erfüllende Lebensreise dieses Mannes, dessen Geburtshaus wir heute nicht mehr in Dresden finden können. 1830 wird hier dieser Hans von Bülow geboren, in eine kunstsinnige Familie hinein, die sich der besonderen Gaben ihres Kindes durchaus bewusst ist. Mit acht Jahren liest er Goethes »Faust«, für ein Kind keine leichte Lektüre. Er liest das Werk nicht nur, er soll es auch verstanden haben. Die Eltern fördern ihn in alle möglichen Richtungen. Auch Musik ist dabei, mit neun Jahren bringen sie ihn zu Friedrich Wieck, den Schwiegervater Robert Schumanns, der, in Dresden-Loschwitz wohnend, Klavierunterricht erteilt. Wieck erkennt die hervorragenden musikalischen Fähigkeiten des Jungen und versucht, diese bestmöglich zu fördern. Dennoch bremsen die Eltern vorsichtig eine künstlerische Karriere ihres Sohnes und verschreiben ihm ein klassisches Jurastudium in Leipzig. Da ist er aber bereits musikalisch hoffnungslos infiziert. Als Zwölfjähriger hatte er in Dresden Richard Wagners »Rienzi« gesehen und den Komponisten zu seinem Idol erklärt. So kommt der 18jährige in das eher bürgerlich geprägte Leipzig, beginnt missmutig sein Jurastudium, nimmt mit wachem Sinn die Unruhen der Revolution zur Kenntnis und macht in diesen Tagen die Bekanntschaft seines Lebens. Er lernt den zwischen Dresden und Leipzig pendelnden Richard Wagner nun endlich persönlich kennen. Das Charisma Wagners schlägt wie ein Blitz ein, Bülow wird Zeit seines Lebens von Wagner nicht mehr loskommen, er vergöttert ihn, manchmal wird er ihn auch verfluchen. Es wird eine Hassliebe zwischen beiden bleiben. Der in Leipzig geborene Wagner ist sein Schicksal, sein Lebenstraum, auch sein Alptraum, die Grenzen werden fließend sein.

Hans von Bülow.

Inzwischen hat Bülow die Juristerei an den Nagel gehängt, ohne einen Abschluss wechselt er nun doch zur Musik. Auf Empfehlung von Friedrich Wieck wird er Schüler von Franz Liszt. Bülow bekommt den Rosenkrieg mit, den Liszt mit seiner Geliebten, der französischen Salonlöwin Marie d'Agoult, führt. Da geht es vor allem um die gemeinsamen Kinder. Um sie aus der Schusslinie der beiden Rosenkrieger zu bringen, bietet der junge Bülow an, die Töchter bei seiner inzwischen in Berlin wohnenden Mutter unterzubringen. Blandine und Cosima werden nach Berlin gehen, die Bülow-Mutter kümmert sich.

Dabei lernt Bülow Cosima näher kennen, sie bewundert ihn. Und er genießt es, bewundert zu werden. Als er bei Liszt vorfühlt, ob er denn mit Cosima als Ehefrau rechnen könne, lehnt Liszt brüsk ab. Bülow ist beleidigt, aber Liszt ist schonungsloser Realist. Er schätzt seinen Lieblingsschüler als Künstler, warnt aber vor seiner psychischen Gereiztheit, seiner Nervosität und seiner Überempfindlichkeit. Heute würde man Bülow vielleicht als Neurastheniker bezeichnen. Auch Cosimas Mutter hört von den Eheambitionen ihrer Tochter und lehnt Hans von Bülow als Schwiegersohn ebenfalls ab. Dies benutzt Liszt, um nun plötzlich wiederum der Ehe seinen Segen zu geben. Er tut alles, um seine Ex zu ärgern.

Schließlich heiraten Cosima und Hans von Bülow 1857. Sie geben sich das Versprechen, wie es sich gehört, einander beizustehen, in guten wie in schlechten Zeiten. Es sollen schlechte Zeiten werden. Die Hochzeitsreise führt das junge Paar nach Zürich. Kein schlechter Ort zum Flittern. Aber der Grund für die Wahl Zürichs ist ein anderer. Richard Wagner ruft aus Zürich. Wagner braucht Bülow für den Austausch, als Stichwort- und Impulsgeber, als Gegenüber für seine künstlerischen Gedanken. Bülow kommt, mit der frisch Angetrauten. Bei Hochzeitsreisen sollten andere Dinge im Mittelpunkt stehen als das Kopieren von Noten. Aber wenn Wagner ruft, springt Bülow. Da muss die junge Gemahlin hintanstehen.

Bülow hockt stundenlang neben Wagners Klavier, schreibt Noten, diskutiert Texte, Cosima langweilt sich zu Tode. Wenn eine Frau sich bereits während der Hochzeitsreise langweilt, ist die Ehe schon so gut wie gescheitert. Dazu irrlichtert eine extravagante Schöne durch die Züricher Villa, Mathilde Wesendonck. Ihrem Mann gehört diese Villa, der glühende Wagnerfan Richard Wesendonck hat aus Begeisterung für Wagner diesem nicht nur die Villa sondern gleich auch noch die Gemahlin zur freien Verfügung überlassen. Wagner ist verrückt nach verheirateten Frauen. Und seine Fans tun alles für ihn. Alles. Auch Cosima bewundert Wagner, aus scheuer Distanz. Das ist endlich mal ein richtiger Mann, einer von Welt und ein Genie dazu.

Bülow bildet sich musikalisch unaufhaltsam weiter, er komponiert, er dirigiert. Er hat nur seine Musik im Kopf. Inzwischen bringt Cosima zwei Kinder zur Welt. Mit seiner Vaterrolle kann Bülow nichts anfangen. Im Herbst 1863 bahnt sich das Verhängnis Platz. Die Bülows treffen Wagner am 28. November in Berlin. Dieser ist inzwischen wieder einmal hoch verschuldet. Die Bülows laden ihn zum Konzert in die Berliner Singakademie ein. Bülow übt für sein abendliches Dirigat, während Wagner mit Cosima in der Kutsche durch Berlin fährt.

»Wir blickten uns stumm in die Augen, und ein heftiges Verlangen nach eingestandener Wahrheit übermannte uns. Unter Tränen und Schluchzen besiegelten wir das Bekenntnis, uns einzig gegenseitig anzugehören …«, schreibt Wagner später. Die Affäre beginnt.

Endgültig unübersichtlich wird die Sache nur ein Jahr später, als der Bayernkönig Ludwig ins Geschehen eingreift. Er macht Wagner Avancen. Es beginnt eine homoerotische Schwärmerei, bei der Wagner gern mitspielt, ihm geht es allein um Macht und Einfluss. Und um Geld, das ihm der König zuschießt. Damit der König bei Stimmung bleibt, antwortet Wagner in gleichfalls schlüpfriger Manier auf die königlichen Briefe. Der König stellt Wagner eine Villa am Starnberger See zur Verfügung. Cosima zieht mit ein, während ihr Mann in Berlin seine Verträge erfüllen muss. Inzwischen pfeifen es die Spatzen von den Dächern, dass Wagner und Cosima von Bülow längst ein Paar sind. Aber Bülow will es nicht wahrhaben. Als er nicht mehr daran vorbei kann, äußert er Verständnis. Man müsse es Wagner nachsehen, so Bülow. Wagner sei ein Genie und habe daher mehr Rechte als andere. Dafür müsse man Opfer bringen. Und wenn es eben die eigene Gemahlin ist. Am 10. April 1865 bringt Cosima ihr drittes Kind zur Welt. Obwohl die kleine Isolde Wagners Kind ist und Bülow das weiß, wird sie als eheliche Tochter der Bülows eingetragen. Wagner ist als Taufpate seiner eigenen Tochter zugegen. Wieder macht Bülow gute Miene zum bösen Spiel. Im März 1866 zieht Cosima zu Wagner nach Genf. Bülow tut das in der Öffentlichkeit als »Gefälligkeitsbesuch« ab. Wieder wird Cosima schwanger, wieder von Wagner. Inzwischen hatte Wagner seine Oper »Die Meistersinger von Nürnberg« fertiggestellt. Er wünscht Bülow als Dirigenten für die Uraufführung. Trotz aller privaten Demütigung. Rücksicht ist keine Kategorie für Richard Wagner. Bülow folgt klaglos, leitet die Aufführung, während Wagner und Cosima in der Ehrenloge zuhören und miteinander kuscheln.

Hans von Bülow ist inzwischen ein Stardirigent geworden. Man bewundert ihn dafür. Aber man lacht ihn auch aus wegen seines Privatlebens. Der Hahnrei aus Dresden und sein Alptraum aus Leipzig. Inzwischen hat Cosima Wagners drittes Kind zur Welt gebracht. Nun kapituliert Bülow. Er kann nicht mehr und gibt seine Frau frei, die Scheidung wird 1870 vollzogen, einen Wimpernschlag später heiraten Wagner und Cosima. Es ist der Tiefpunkt des Bülowschen Lebens. Sein Idol spannt ihm die Frau aus und macht ihn in der gesamten Gesellschaft zum Gespött. Bülow hadert mit dem Schicksal. Er schreibt einen herzzerreißenden Abschiedsbrief. Zwar ist dieser an seine Exfrau gerichtet, aber eigentlich ist es ein Brief, den er an sich selbst richtet. Und – keine Vorwürfe an Wagner, der ihm die Frau geklaut hat. Nein, sein Idol steht ihm über allem.

»Du hast es vorgezogen, dein Leben und die Schätze deines Geistes und deines Herzens einem Wesen zu weihen, das in jeder Beziehung überragend ist – und ich werde dir deswegen keine Vorwürfe machen, sondern billige in jeder Hinsicht deinen Schritt und gebe dir vollkommen recht. Ich schwöre dir, der einzige tröstende Gedanke, der zuweilen wohltätig in das innere Dunkel und in meine äußeren Qualen hinein gedrungen ist, war der, wenigstens Du, Cosima, bist glücklich.«

Aber seltsam, gerade jetzt, am gefühlten Endpunkt seines Lebens, beginnt Bülows Karriere aufs Neue. Als sei er entlastet, als sei eine zentnerschwere Last von ihm gefallen. Unter die qualvollen Jahre der Demütigungen ist nunmehr ein Schlussstrich gesetzt. Bülow bekommt die zweite Luft. Seine Karriere als Dirigent beginnt nun richtig, obgleich er immer schon sehr geschätzt war. Jetzt wird er zum absoluten Idol in der Szene. Er begründet den Starrummel um den Mann am Pult. Bis dato waren ausschließlich die Sänger die Stars. Er macht eine vielumjubelte USA-Tournee, wird dann von 1877 bis 1879 als Musikdirektor in Hannover sein und Erfolge einfahren. Dann wechselt er nach Meiningen, nein kein Rückschritt, wie man eingedenk des heute etwas verhuschten südthüringischen Städtchens denken möchte. Meiningen war damals musikalisch nahezu der Nabel der Welt. Ein grandioses Opernhaus, tolle Solisten und jetzt noch Bülow am Pult. Meiningen wird zum Weltbegriff. Johannes Brahms ist in Meiningen an Bülows Seite, beide wechseln sich am Pult ab.

Inzwischen hat Bülow mit seiner zweiten Frau, der Schauspielerin Marie Schanzer, wieder etwas Ruhe in sein Privatleben gebracht. Dann setzt er seiner Karriere die Krone auf. Er wechselt nach Berlin und wird Chef der Berliner Philharmoniker, heute vielleicht neben den Wiener und den New Yorker Philharmonikern das beste Orchester der Welt. Den Ruhm und die Qualität dazu begründet Bülow. Er wird endgültig zur Lichtgestalt des Dirigentenhimmels. Von 1887 bis 1893 leitet er die Berliner Philharmoniker und führt sie zum ersten Weltruhm. Noch heute verleiht dieses Orchester regelmäßig die »Hans-von-Bülow-Medaille«.

1894 ist Bülow ausgebrannt. Seine schwache Gesundheit hindert ihn mehr und mehr an der Arbeit und an großen Konzertreisen. Sein Arzt drängt, dass er Ruhe finden möge, Ruhe in einer möglichst warmen und trockenen Gegend. Bülow nimmt sich eine Auszeit und fährt nach Ägypten. Aber seine Lebensuhr ist abgelaufen, er stirbt am 12. Februar 1894 in Kairo.

An allen wichtigen Häusern der Musikgeschichte hat er dirigiert, nur einen Ort hat er immer gemieden: Bayreuth. »Warum nicht Bayreuth?«, wurde er von einem Journalisten kurz vor seinem Tod gefragt. »Nun«, hatte Bülow etwas süßsauer geantwortet, »ich habe Angst, dass mir Wagner bei dieser Gelegenheit meine zweite Frau auch noch wegnimmt und mir die erste wieder zurückgibt …«

ÄRGER MIT DER TANTE

Ist Dresden ein gutes Pflaster für literarische Versteckspiele? Friedrich Schiller lässt in seinem »Wallenstein« eine ihm Bekannte auftreten, namentlich und unverkennbar. Die verewigte Dresdnerin, Justine Szegedin, zeigte sich empört, sie hatte von nichts gewusst und musste seitdem bis in alle Ewigkeit als Gustel von Blasewitz mit einem unehelichen Kind an ihrer Seite über die Bühnen der Welt laufen.

Theodor Fontane transportiert die Großmutter des späteren Dresdner Physikers Manfred von Ardenne als Effi Briest ebenfalls in die Weltliteratur.

Der größte Ärger aber, den ein Literat einer Dresdnerin antat, verbindet sich mit einem Haus, das in Dresdens Nobelviertel Blasewitz steht. Nichts deutet darauf hin, dass sich hier vor reichlich einhundert Jahren ein Drama abgespielt hat. Keine Gedenktafel weist auf die Tortur hin, die einer dort wohnenden Dame zuteil wurde.

Die Geschichte beginnt in Lübeck und Italien gleichermaßen. Ein begabter Nachwuchsschriftsteller von etwas mehr als zwanzig Jahren, der einige kurze Texte in Literaturzeitschriften veröffentlicht hatte und 1893 einen kleinen hoffnungsvollen Band mit Erzählungen, bekam von seinem Verleger die dringende Empfehlung, es doch mal mit einem größeren Roman zu versuchen, das Talent wäre da. Immerhin hieß der Verleger Samuel Fischer, später nach Abkürzung seines Vornamens als S. Fischer einer der berühmtesten Literaturmagnaten.

Der junge Mann ging an die Arbeit. Kurze Zeit vorher hatte er der nervtötenden Büroarbeit in einer Versicherungsanstalt den Rücken kehren können. Das väterliche Erbe bescherte ihm einen jährlichen Betrag, der ausreichend war, um sich auf das Wagnis einer freiberuflichen Schriftstellerkarriere einzulassen.

Samuel Fischer gab dem ehrgeizigen Autor in einem Brief am 29. Mai 1897 die Empfehlung, das Buch möge bitte nicht zu umfangreich sein.

Das Werk wurde in Angriff genommen und 1900 fertiggestellt. Die Empfehlung des lebensklugen Verlegers nach einem eher geringen Umfang des Buches schlug der Literat in den Wind. Als das Manuskript vorlag, schüttelte Samuel Fischer den Kopf. Viel zu umfangreich. Kürzen solle er, der Autor, so etwa auf die Hälfte. Aber der Autor blieb stur. Entweder wird alles veröffentlicht, oder Samuel Fischer könne sich das Manuskript für seinen Verlag abschminken. Mit süßsaurer Miene ging Fischer auf die Forderung ein, denn irgendwie hatte der Text doch das gewisse Etwas. So erschien 1901 eine zweibändige Ausgabe, deren mäßiger Erfolg den Befürchtungen des Verlegers Recht gab. Das Buch lag in den Regalen der Buchläden wie Blei. Erst als Fischer aus den zwei Bänden eine dicke Einzelausgabe machte und den Preis nach unten korrigierte, fand das Buch Interesse. In den folgenden Jahren stiegen die Verkaufszahlen unaufhaltsam. Schließlich machte das Buch den jungen Mann zum Auflagenmillionär und 1929 zum Literaturnobelpreisträger. Bis heute gehören die »Buddenbrooks« zum Kanon der deutschen Literaturgeschichte und gelten als das perfekte Sittenbild einer Familie in der bürgerlichen Scheinwelt.

War Verleger Fischer letztlich mit dem Erfolg des Buches zufrieden, so musste sich der nun immer bekannter werdende Autor schließlich einem Familiendrama stellen. Wegen des Buches. Seine in Dresden lebende Tante Elisabeth Hyppolitha Mann, geschiedene Elfeld, geschiedene Haag, hatte sich, stolz auf ihren Neffen, das Buch gekauft und musste kurze Zeit später hinnehmen, in Dresden zum Gespött der Leute zu werden.

Elisabeth Amalie Hyppolitha Mann.

Was war passiert?

Thomas Mann hatte sich zum Schreiben dieses Buches nach Italien zurückgezogen. Die epische Breite des Romans verlangte ihm alles an Kraft ab. Thomas Mann hatte allerdings schon in jungen Jahren die Eigenheit als Autor, lebende oder verstorbene Personen als Vorbilder für seine Romanfiguren zu nehmen. Dabei ging er wenig rücksichtsvoll vor. Schon bald nach Erscheinen der »Buddenbrooks« verkauften findige Buchhändler in Lübeck Listen mit Klarnamen der Romanfiguren. Diese Entschlüsselungsblätter fanden allerdings nicht den Weg nach Dresden. Somit musste Elisabeth Hyppolitha Mann, geschiedene Elfeld, geschiedene Haag, wohnhaft in Blasewitz, Johannstraße 15, beim Lesen des Romans ihres Neffen selbst feststellen, dass ihr gesamtes Leben, einschließlich aller bekannten delikaten Details in den »Buddenbrooks« enthalten war. Lediglich ihr Name erschien nicht. Im Roman fand sie sich wieder als Tony Buddenbrook. Ihr Entsetzen war groß, die Wut auf den Neffen ebenso. Das Tischtuch war zerschnitten. Alles andere sollten die Rechtsanwälte klären.

Die »Buddenbrooks« entstanden in der Zeit von Oktober 1896 bis Juli 1900, in der Zurückgezogenheit des italienischen Orts Palestrina, 40 Kilometer von Rom entfernt. Thomas Mann hatte auf einen großen Bogen die Namen aller Romanfiguren geschrieben und deren Beziehungen zueinander mit Linien dargestellt. So konnte er ein stimmiges Figurengeflecht konstruieren. Allerdings fehlte ihm für seine Tony Buddenbrook noch eine Vorlage. Flirrend sollte sie sein, naiv, liebenswürdig und mit einem Hauch Tragikomik. Mann kam nicht weiter und bat brieflich seine Schwester Julia um Hilfe. Diese antwortete umgehend, dass die in Dresden-Blasewitz lebende Tante auf den Punkt die Voraussetzungen erfülle. Thomas Mann war begeistert und bat Schwester Julia um Details aus dem Leben der Tante. Und Julia lieferte in Mengen.

Dresdner Wohnhaus der
Elisabeth Amalie Hyppolitha Mann.

So geschah es, dass Elisabeth Hyppolita Mann sich selbst im Roman lesen konnte: Ihre beiden geschiedenen Ehemänner Elfeld und Haag hießen im Roman Grünlich und Permaneder. Ihre Bewerbung als Dienstmädchen nach England fand sie ebenso detailliert wieder wie die Tatsache, dass die Insolvenz ihres ersten Mannes als Insolvenz des ersten Mannes von Tony Buddenbrook zu lesen war. Ihr zweiter Mann, von Beruf Weinhändler, fand sich im Roman als Hopfenhändler wieder. Genüsslich schildert Thomas Mann, wie sich Tony Buddenbrooks erster Ehemann an das Dienstmädchen heranpirscht. Auch das kannte die Tante von ihrem ersten Mann. Und ihr Schwiegersohn Guido Biermann taucht im Roman als Hugo Weinschenk auf. Das war zu viel. Die Tante empörte sich und ließ das den Neffen wissen. Der hatte gerade zu tun, die aufgebrachte Bürgerschaft in Lübeck zu beruhigen. Auch dort hatte er personell gefischt, war fündig geworden und hatte den Stadtfrieden gestört.

Erstdruck der »Buddenbrooks«.

Keine Figur war aber so identisch angelegt wie Tony Buddenbrook nach Elisabeth Mann. Und es war die leibliche Tante. Diesen Familienkrieg konnte Thomas Mann auf Dauer nicht zulassen. Er trat gesenkten Hauptes den Canossagang an und fuhr nach Dresden. Im luxuriösen Lahmannschen Sanatorium traf er sich am 11. Dezember 1905 mit seiner Tante zum Friedensgipfel. Beide tafelten und verhandelten hinter verschlossenen Türen. Bis zum Ende ihres Lebens übten sie Zurückhaltung über das, was an diesem Abend besprochen wurde. Sie taten gut daran.

Die Wut der Tante verrauchte sehr schnell. Immerhin, trotz des literarischen Übergriffs ihres Neffen war sie in die große Literatur eingegangen. In ihrem Todesjahr konnte sie noch erleben, dass die Auflage des Romans, der sie unsterblich gemacht hatte, die 100.000er Marke überschritt. Den Nobelpreis für die »Buddenbrooks« erlebte die 1917 in Dresden Verstorbene nicht mehr.

Offensichtlich hat Elisabeth Mann ihrem berühmten Neffen beim Geheimtreffen im Lahmannschen Sanatorium verziehen. Später war sie sogar stolz auf den ihr zugeflogenen Spitznamen »Tony«. Hat Thomas Mann seine jüngste Tochter 1918 Elisabeth genannt, um seine Tante damit postum zu besänftigen?

Ob die genasführte Tante aber mit ihrer Nichte Julia, die Thomas Mann das berühmte Psychogramm der Tante lieferte, jemals Frieden geschlossen hatte, ist nicht bekannt.

Julia Mann hat ihrem Bruder weiterhin fleißig Geschichten geliefert. Dresdner Geschichten.

Am 20. März 1901 wird der seinerzeit populäre Musiker Gustav Adolf Gunkel in der Straßenbahn auf der Dresdner Pfotenhauerstraße von einer Geistesgestörten erschossen. Sofort fertigt Julia eine ausführliche Notiz und schickt sie mitsamt den Zeitungsartikeln über dieses Verbrechen ihrem Bruder. Später taucht dieser Dresdner Mord in Manns »Doktor Faustus« auf.

Aber auch Julia Mann, die fleißige Lieferantin, blieb nicht davor gefeit, unfreiwillig in die Literatur eingegangen zu sein. Man vergleiche nur ihr Leben mit dem der Ines Institoris, ebenfalls in »Doktor Faustus«.

VOM NEUEN ABGOTT, DEM ALTEN TEUFEL UND DEM WILD GEIFERNDEN EBERSCHWEIN …

Sie klopften an die Tür des neuen Bischofs. Aber nichts rührte sich. Gestern war er aus Magdeburg eingetroffen, hatte mit seinen geistlichen Mitbrüdern noch auf das neue Amt angestoßen. Heute sollte er nun die weite Reise nach Meißen in sein neues Amt antreten. Aber es blieb still hinter der verschlossenen Tür im Goslarer Stift. Was dann geschah, ließ den Augenzeugen das Blut in den Adern gefrieren. In den historischen Annalen, die der Chronist Lambert von Hersfeld über die wichtigsten Geschehnisse im 11. Jahrhundert verfasste, liest sich der Verlauf so: *»Gleich nach der Mahlzeit begab sich Bischof Craft in sein Schlafgemach, als wolle er da ein wenig ruhen, und schloss sich ein. Er hatte aber dort, was keiner wusste, seine wertvollen Besitztümer vergraben, denn er war ein großer Liebhaber solcher Dinge. Als es nun schon Abend wurde und er ganz gegen seine Gewohnheit immer noch dem Schlafe ergeben zu sein schien, wunderten sich die Brüder über dieses seltsame Verhalten. Aber weder auf ihr Klopfen noch ihr lautes Rufen kam eine Antwort. Da brachen sie die Tür auf, drangen in das Gemach ein und fanden ihn mit gebrochenem Hals und abscheulich verfärbt auf einem Schatze liegen …«*.

In der mittelalterlichen Welt waren natürliche Begründungen für spektakuläre Ereignisse unüblich. Zunächst wurde das Mystische gesucht. Den neuen Bischof von Meißen Craft habe der Teufel wegen seiner Geldgier geholt. Dass es sich um einen Schlaganfall gehandelt haben könnte und der »Schatz« vielleicht der mühsam gesammelte Grundstock für die Arbeit in seinem künftigen Bistum war, spielte keine Rolle.

Die Legenden begannen zu wirken und holten später auch den Mann ein, der dem so tragisch verstorbenen Bischof Craft 1066 im Amt als Bischof von Meißen folgen sollte.

König Heinrich IV., 16jährig, musste nun schnell einen neuen Bischof für Meißen präsentieren. Nahezu ein Ding der Unmöglichkeit, dies in der Kürze der Zeit zu tun. Vom Kölner Erzbischof Anno kam schließlich der erlösende Vorschlag. »Majestät, nehmt Magister Benno als neuen Bischof für Meißen. Er ist – mit Verlaub – bereits 56 Jahre alt. Wenn der Herr es gut mit ihm meint, so hat er noch ein oder zwei Jahre. Und diese Zeit könnt Ihr nutzen, in Ruhe einen würdigen Bischof für Meißen zu finden.«

In der Tat. In der Zeit des beginnenden Hochmittelalters galt ein Mensch mit 56 Jahren bereits als steinalt, sofern er ein solches Alter überhaupt erreichte. Benno von Wohldenburg sollte als zehnter Bischof von Meißen eine Zwischenlösung werden. Zwischenlösungen sind immer risikobeladen. Hatten Erzbischof Anno und der junge König Heinrich dem alten Benno nur noch eine Lebenszeit von wenigen Monaten zugedacht, um inzwischen Gelegenheit für eine gründliche Kandidatensuche zu haben, so durchkreuzte die Vorsehung sämtliche Pläne. Benno überlebte nahezu alle, die bei seiner hastigen Bischofsernennung 1066 zugegen waren. Er wurde 96 Jahre alt und erreichte ein für die damaligen Zeiten unfassbares Alter.

Es waren diese unglaublichen 96 Lebensjahre, die diesen Mann auch nach seinem Tod im Gedächtnis der Sachsen leben ließen. Die bis heute währende Erinnerung an ihn war und ist aber auch der Tatsache geschuldet, dass Benno sein Amt in einer politisch hochbrisanten Zeit bekam und darin ungewöhnlich handelte. Er polarisierte in seinem Leben und nahm die mitunter harten Folgen bewusst in Kauf. Und mehr als 400 Jahre nach seinem Tode sorgte er für einen der größten Eklats in Sachsen.

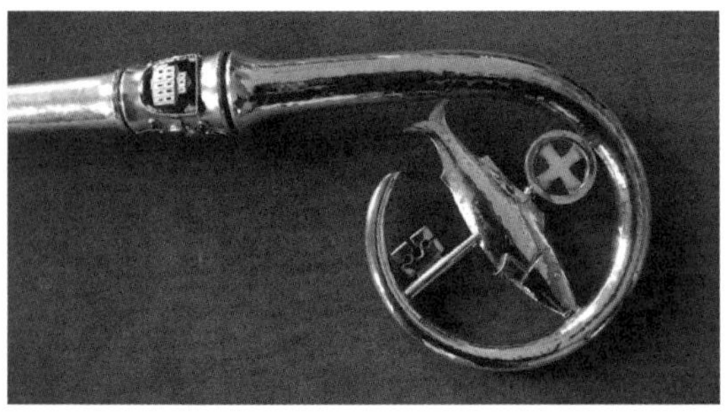

Bischofsstab der Bischöfe des Bistums Dresden-Meißen.

Mythen und Legenden ranken sich bis heute um diesen Benno. Straßen sind nach ihm benannt, Kirchen in ganz Deutschland, sogar ein Felsen im Meißner Spaargebirge. In Dresden trägt eine große Schule seinen Namen. Benno war Folie für konfessionelle Auseinandersetzungen, wurde von Martin Luther als Abgott und Teufel bezeichnet, vom Papst heiliggesprochen.

An Benno scheiden sich die Geister. Manchmal bis heute.

Verstehen kann man sein Leben und seine Bedeutung für Sachsen nur, wenn man die dramatischen Verhältnisse des 11. Jahrhunderts kennt. In diese ordnete sich Benno ein, manchmal auch nicht. Ein Querdenker, ein aus der Zeit Gefallener.

Benno wird als sächsischer Heiliger verehrt. Er ist weder in Sachsen geboren, noch hat er seine letzte Ruhestätte in Sachsen gefunden. Über seine Kinder- und Jugendjahre ist kaum etwas bekannt. Geboren ist er um 1010. Seine Eltern besaßen ein kleines Landgut in der Nähe von Hildesheim. Reste des Gutes Wohldenburg findet man heute noch. Sein älterer Bruder Christoph erhielt in der Erbfolge das Anwesen, Benno als Zweitgeborener ging nach mittelalterlicher Sitte leer aus. Für ihn fand man Platz in der Geistlichkeit. Was zunächst unter Versorgungsgesichtspunkten erfolgte, wurde eine Erfolgsgeschichte. Benno, der junge Priester, erwies sich als nachdenklicher, kluger Mann, der über das Charisma verfügte, unbeschwert auf Menschen zugehen zu können. Als Ordenspriester fühlte er sich im Kloster St. Michael gut aufgehoben. Doch der Ruf seiner Persönlichkeit machte nicht an den Klostermauern halt. König Heinrich III., in der Goslarer Residenz regierend, erfuhr, dass da im Hildesheimer Kloster der Benediktiner ein Mann mit besonderen Gaben lebte. Der König, um die Entwicklung seines Landes bemüht, sammelte die großen Geister seiner Zeit, zitierte sie nach Goslar, um sie kennenzulernen und dann mit anspruchsvollen Aufgaben ins Reich auszusenden. So ging der Befehl an Benno nach Hildesheim, der als Ordensmann eigentlich ausschließlich seinem Kloster verpflichtet war. Aber dem Ruf des Königs musste Folge geleistet werden. König Heinrich war angetan von diesem gleichermaßen intelligenten wie strategisch denkenden Priester. Er setzte ihn im Goslarer Stift als Kaplan ein und betraute ihn mit der Ausbildung des priesterlichen Nachwuchses. Benno ging in diesem Amt auf. Die große Welt jenseits des Priesterseminars brauchte er nicht. Seine Lebensbahn sah für ihn übersichtlich aus. Aber die Welt kam zu ihm, als er wegen des tragischen Todes des frisch ernannten Bischofs Craft plötzlich und unvermittelt zum neuen Meißner Bischof wurde. Eine Ablehnung dieser königlichen Entscheidung war nicht denkbar. Zur Überraschung von König und Beratern nahm Benno das Amt als Bischof von Meißen mit Ehrgeiz an, wissend um die Tatsache, dass er in Meißen in völliger Armut leben würde, inmitten einer nichtchristlichen und zutiefst misstrauischen, slawisch geprägten Bevölkerung.

Die Ernennung eines Bischofs durch den König, also die weltliche Macht, ist heute undenkbar. Auch damals war das ein Politikum, bei dem der Papst in Rom aufmerkte. Während der König die Bischofsernennungen für sich reklamierte und damit begründete, dass der Bischof ja auch Lehnsherr und Reichsbeamter sei, so forderte der Papst für sich das alleinige Ernennungsrecht für Bischöfe mit dem Argument, dass das Bischofsamt ein allein geistliches sei und damit in seine Kompetenz fiele. Das Fatale an diesem Streit war, dass beide Seiten im Recht standen. Damals bezeichnete man die Ernennung eines Bischofs als Investitur. Der damalige Streit zwischen König und Papst, der mehr als 100 Jahre lang das Reich erschütterte, ist als Investiturstreit in die Weltgeschichte eingegangen.

Genau im Fadenkreuz dieses Streits stand Bischof Benno, in seiner kärglichen Kirche auf dem Meißner Burgberg sitzend. Dem König hatte Benno den Treueid schwören müssen, dem Papst war er als Geistlicher ebenfalls verpflichtet. Jetzt hatte er zwei Herren, die sich befehdeten.

Dazu war sein König ein von Neurosen und Aggressionen beherrschter Mann. Als Sechsjähriger durch den frühen Tod seines Vaters ins Amt gekommen, musste er zusehen, wie sich die Landesfürsten aufspielten und hemmungslos bereicherten. Ein Kindkönig war für sie kein Gegner. Als Heinrich erwachsen wurde, begann er, die ihm in den Jahren vorher geraubten Güter und Rechte wieder einzufordern. Dies rief den Widerstand der Fürsten hervor, die 1073 gegen ihn rebellierten. Dieser Sachsenkrieg überzog das ganze Land mit Schrecken.

Erstmalig geriet Benno mit seinem König in Konflikt, als er sich weigerte, ihm im Sachsenkrieg Waffendienst zu leisten. Bischöfe waren im Mittelalter durchaus bewaffnet. Benno hatte dies für sich stets abgelehnt, somit auch einen Waffengang für den König. Heinrich war außer sich vor Wut. Nach der für ihn siegreichen Schlacht bei Homburg am 9. Juni 1075 zog er mit seinen Soldaten zornbebend nach Meißen, um den ihm untreuen Bischof Benno zu bestrafen. Benno wurde des Hochverrats bezichtigt und abgesetzt. Die vom König gelieferte Begründung, er *»habe während des ganzen Sachsenkrieges ihm keinen Beweis seiner ungebrochenen Treue, weder durch Boten noch durch Briefe gegeben«* reichte für eine Inhaftierung.

Erst viel später wurde klar, dass es Benno nicht darum gegangen war, dem König die Waffengefolgschaft zu verweigern, sondern das Waffentragen insgesamt abzulehnen. Die Waffe eines Bischofs sei allein das Wort. Damit hatte Benno eine neue Seite des Bischofsamtes aufgeschlagen. Das brachte ihn hinter Gitter, machte ihn aber in der Historie unsterblich.

Seine Haft verbringt Benno zunächst in Böhmen, dann in Mainz. Dort gelingt ihm während eines Stadtbrandes die Flucht. Doch nicht nur die Stadt Mainz brennt, das ganze Reich steht in Flammen. Am 24. Januar 1076 hatte König Heinrich mit 26 ihm getreuen Bischöfen den Papst abgesetzt. Ein in der Geschichte geradezu ungeheuerlicher Vorgang.

Der Papst konterte und exkommunizierte seinerseits den König, der darauf den für ihn demütigenden Gang nach Canossa antreten und den Papst dort um Vergebung bitten musste. Die Geschichte wird nun unübersichtlich. Es gibt Könige und Gegenkönige. Es gibt Päpste und Gegenpäpste. Es gibt Bischöfe und Gegenbischöfe. Benno ist mal im Amt, dann mal wieder abgesetzt. Schwierige Zeiten für einen alten Mann an der Grenze des Reichs in einem armen Bistum.

Benno hielt sich aus allen Kriegen dieser Zeit heraus. Daraus ist ihm oft der Vorwurf der Feigheit, des Verrats oder des Opportunismus gemacht worden. Aus späterer Sicht erweist sich sein Verhalten als visionär. Ein Gottesmann sei kein Kriegsmann. So sein Credo. Viel mehr kümmert er sich um das Land und die Menschen.

Der Tod des Papstes Gregor am 25. Mai 1085 stärkte wiederum die Position des Königs, der seit einem Jahr Kaiser war. Er bannt Benno erneut. Dieser hatte vom Streit nun endlich genug und begibt sich zu Fuß – als 75jähriger – nach Rom, um sich mit dem neuen Papst auszusprechen. Bevor Benno Meißen verließ, soll er den Schlüssel des Meißner Doms in die Elbe geworfen haben, um dem neu eingesetzten Gegenbischof Felix den Zutritt zum Gotteshaus zu verwehren.

Nach einem Jahr und dem kräftezehrenden Weg über die Alpen kommt Benno zurück. Mit dem Papst hatte er sich ausgesöhnt. Auch ein Frieden mit seinem Dauergegner, dem Kaiser, ist in Sicht. Fehlt nur noch der Schlüssel, ohne den er nicht in seinen Dom gelangen kann. Aber auch da wird Abhilfe geschaffen. Bevor sich Benno an das Problem des fehlenden Schlüssels macht, kehrt er in das Gasthaus zu Füßen des Burgbergs ein, bestellt einen Fisch und findet darin seinen fehlenden Schlüssel. Diese Legende hat sich in vielen Bildern verewigt.

Noch mehr als 20 Jahre bleiben Benno. Er bereist das Land, gibt dem unsteten Volk der Sorben das Gefühl für Heimat, wird am Ende seines Lebens ein geschätzter Vermittler. Die Altersweisheit ergänzt das Charisma. Das Volk liebt und verehrt ihn. Am 16. Juni 1106 stirbt er, 96jährig. Das ganze Land trauert.

An Bennos Grab tritt keine Ruhe ein. Es wird zu einem Wallfahrtsort in ganz Sachsen. Schließlich entscheidet man, die sterblichen Überreste auszugraben und bestattet sie in einer prunkvollen Tumba im Meißner Dom. Doch das lässt den Menschenstrom erst recht anschwellen. 1498 schreibt Abt Martin von Lochau aus dem Kloster Altzella an den Papst und bittet um Bennos Heiligsprechung. 25 Jahre bleibt der Brief ohne Reaktion aus Rom. Erst als die deutschen Lande von Martin Luther durcheinandergerüttelt werden, erinnert man sich an den Brief aus Meißen. Nun geht alles sehr schnell. Eine Heiligsprechung könnte die rechte Antwort auf das despektierliche Treiben des Reformators sein. Doch Rom unterschätzt die Eigendynamik der Reformation gerade in Sachsen. Heiligsprechungen waren für die Protestanten der Horror schlechthin. Luther bezeichnet dies als Narrenspiel und schreibt höchstselbst einen Traktat *»Wider den neuen Abgott und alten Teufel der zu Meißen soll erhoben werden«*, damit die Heiligsprechung Bennos meinend. Die katholische Entgegnungsschrift »Wider das wild geiffernd Eberschwein Lutherum, so in dem Weingarten des Herrn wühlet und sich unterstehet mit seinem besudelten Rüssel umzustoßen die Canonisation Divi Bennonis« verfügte über nicht weniger Sprachgewalt. Dennoch wurde die Heiligsprechung vollzogen.

Nun kamen die zu Reliquien gewordenen sterblichen Überreste des neuen Heiligen ins Blickfeld der aufgebrachten Reformatoren. Ehe man sie in die Elbe werfen konnte, wie geplant, wurden sie in letzter Minute gerettet und von den verbliebenen Katholiken in einer Nacht- und Nebelaktion über Stolpen und Wurzen nach München gebracht. Dort liegen sie heute noch in der Münchner Frauenkirche. Das kostbare Bennograb im Meißner Dom wurde allerdings 1539 unwiederbringlich zerstört.

Im Zuge des Wiederauflebens der katholischen Kirche in Sachsen nach der Reformation begann man sich erneut Bennos zu erinnern. Beim Bau der katholischen Hofkirche in der Mitte des 18. Jahrhunderts richtete man eine prächtige Bennokapelle mit einem wertvollen Bild des Italieners Stefano Torelli ein.

Und auch die Streitigkeiten zwischen Protestanten und Katholiken über die Heiligsprechung Bennos sind einer freundlich-nachdenklichen Toleranz gewichen. Gab es 1906, zum Jubiläum des 800. Todestages, noch heftige gegenseitige Anwürfe, so stellte das evangelische Domkapitel zum erneuten Jubiläum 100 Jahre später dem katholischen Bistum den Dom für eine Andacht zur Verfügung. Heute erinnert am Meißner Dom nur noch die zugemauerte Bennopforte an ein verlorenes Kapitel der sächsischen Geschichte.

DER JAHRHUNDERTPROZESS

Am 3. April 1936 endete im Staatsgefängnis von Trenton/ USA um 20.47 Uhr das Leben eines Mannes auf dem elektrischen Stuhl. Die amerikanische Justiz war danach auffällig schnell bemüht, zur Normalität überzugehen und den Strafprozess zu archivieren. Ein verdächtiger Eifer.

Hörte man vor der Urteilsverkündung nahezu einmütig den Ruf »Der Deutsche ist schuldig ...«, so setzte nach der Vollstreckung Nachdenklichkeit ein, und es mehrten sich Stimmen, die die Rechtmäßigkeit des Urteils in Frage stellten. Sogar Eleanor Roosevelt, die Ehefrau des amerikanischen Präsidenten, äußerte öffentlich, was denn nun sei, wenn hier wirklich ein Fehlurteil getroffen worden wäre.

Bruno Hauptmann macht dies allerdings nicht mehr lebendig. Aber die brennende Frage, ob hier aus allgemeiner Hysterie und politischen Sachzwängen ein Justizmord geschehen war, ist in der amerikanischen Rechtsgeschichte bis heute hängengeblieben. Bruno Hauptmann ist damit postum zu einer Berühmtheit geworden, die in seiner sächsischen Geburtsstadt Kamenz nur noch vom ebenfalls dort geborenen aufklärerischen Dichter Gotthold Ephraim Lessing übertroffen wird.

Bis heute ist die Straftat, derer er bezichtigt und deretwegen er hingerichtet wurde, ein feststehender Begriff in den USA. Die Ermordung des Lindberghbabys. Bücher wurden darüber geschrieben, Filme gedreht. Sogar Agatha Christie nimmt die Geschichte in ihrem populären Roman »Mord im Orientexpress« als Hauptmotiv auf. Bruno Hauptmann aus der

Kleinstadt Kamenz hat eine traurige Popularität erlangt. Bis zur Vollstreckung des Urteils wies er jegliche Schuld von sich. Man hatte ihm den Verzicht auf die Todesstrafe gegen eine lebenslängliche Haft angeboten, sofern er gestünde. Nichts. Schließlich waren die Richter von ihrer Unsicherheit so geplagt, dass sie ihm einen auch für amerikanische Verhältnisse seltsamen Deal über die Presse als Vermittlerin anboten: Wenn er den Mord zugäbe, käme er um die Todesstrafe zwar nicht herum, seine Frau erhielte dann aber eine Entschädigung in Höhe von 90.000 $, mit der sie ausgesorgt hätte. Aber Bruno Hauptmann stritt bis zu seinem Gang auf den elektrischen Stuhl alles ab. Er nahm die letztendliche Wahrheit mit ins Grab.

Von Bruno Hauptmann in der Untersuchungshaft zu seiner Verteidigung verfasste Broschüre.

War es die Prominenz des Opfers? War es die Tatsache, dass sein Prozess in die Zeit deutschfeindlicher Hysterie fiel? Man kann sich Bruno Hauptmann nur annähern. Die Indizienfülle war schon im Gerichtsverfahren umfangreich. Sie wuchs nach seinem Tod noch an. Sie ist inzwischen unübersichtlich geworden. Und der Fall wird noch heute diskutiert.

Angefangen hat es mit dem großen Triumph des Ozeanfliegers Charles Lindbergh. Dieser wurde zum amerikanischen Helden und wird bis heute als der erste Mensch geehrt, der in einem Flugzeug den Atlantik überquerte. So feierte man ihn auch in New York mit einer Parade, bei der tonnenweise Konfetti verbraucht wurde. Lindbergh hatte einen guten Vermarkter. Vor ihm hatten bereits 66 Personen den Atlantik in der Luft überquert, sein Erfolg war lediglich der Flug von New York direkt nach Paris. Seine Vorgänger waren auf der grünen Wiese gelandet. Das nahm man in Amerika kaum wahr. Sein Charisma als amerikanischer Held, geschickt aufgebaut von kundigen Werbestrategen, sichert ihm bis heute einen Platz in den Geschichtsbüchern, der ihm eigentlich so nicht gebührt.

Lindbergh war seit dem Flug der ungekrönte König in Amerika, er wurde zur öffentlichen Person. 1929 heiratete er die gleichermaßen schöne wie reiche Schriftstellerin Anne Morrow, die später mit ihrem Buch »Muscheln in meiner Hand« zur Auflagenmillionärin wurde. Die USA hatten damit ein Traumpaar. Als 1930 Sohn Charles jr. geboren wurde, war das Glück komplett. Die Amerikaner konnten in den Medien jeden Schritt dieser Familie verfolgen.

Am 1. März 1932 war die Idylle schlagartig vorbei. Das Baby war weg, am offenen Fenster lehnte eine zusammensteckbare Leiter. Im Spalt einer angebrochenen Sprosse klemmte ein Brief mit einer Lösegeldforderung über 50.000 $. Nachdem das bisherige Leben der Lindberghs bereits komplett öffentlich war, machten sie dies nun auch mit der Entführung. Hunderte von Journalisten belagerten noch am gleichen Abend das Haus. Sämtliche Spuren, die der Straftäter hinterlassen hatte, waren damit nicht mehr verwertbar. Lindbergh ging bei der Suche nach seinem Sohn eigene Wege. Er vertraute der Polizei nicht sonderlich und scheute sich nicht, die Mafia um Hilfe zu bitten. Selbst Al Capone, der zu dieser Zeit im Gefängnis saß, signalisierte die Unterstützung durch seine Netzwerke. Lindbergh bekam für die Geldübergabe registrierte Goldzertifikate, die sein Mittelsmann zur vereinbarten Zeit übergab. Die Empfehlung des Geldempfängers, das Kind auf einem Schiff zu suchen, führte in die Irre. Schließlich wurde am 12. Mai 1932 die bereits verweste Leiche des Babys gefunden.

Nun musste man warten, bis das gekennzeichnete Geld auftaucht. Die Fahnder wurden auf eine harte Probe gestellt. Erst im Herbst 1934 meldete ein Tankwart, dass ein Mann mit ausländischem Akzent damit seine Rechnung bezahlt habe. Das Auto wurde schnell ermittelt, damit auch der Fahrer. Noch am gleichen Tag wurde Bruno Hauptmann verhaftet. Man fand weitere markierte Geldscheine in seiner Wohnung. Die amerikanische Presse hatte ihr Opfer gefunden. Ein Deutscher, 1923 illegal in die USA eingereist, in seiner alten Heimat bereits vorbestraft. In der deutschfeindlichen Ära war er der ideale Täter.

Für das bei ihm gefundene Geld hatte Hauptmann eine einfache Erklärung. Sein Mitbewohner, ein gescheiterter Pelzhändler namens Isidor Fisch, habe mit diesem Geld seine Schulden bei ihm bezahlt, bevor er wieder in seine deutsche Heimat gereist sei. Und er, Hauptmann, habe zur Zeit der Tat gearbeitet, es gäbe sogar schriftliche Belege dafür. Seltsamerweise waren die Papiere dieses Tages in der Firma nicht auffindbar.

Mehr konnte Hauptmann zum Prozess nicht beitragen. Meist schwieg er, auf Veranlassung seiner Anwälte. Ob er damit gut beraten war, bleibt offen.

Die Schaulustigen belagerten den Gerichtssaal, die Pressevertreter mieteten sich in umliegende Hotels ein und befeuerten das Thema. Den Geschworenen blieb kaum die Möglichkeit, sich in Ruhe zurückzuziehen.

Die Graphologen kamen schließlich zum Urteil, dass Hauptmann den Lösegeldbrief geschrieben habe. Dazu meinte Lindbergh, die Stimme Hauptmanns sei identisch mit der Stimme des Mannes, der das Lösegeld abgeholt habe. Dies reichte, um den Geschworenen nach immerhin elfstündiger Beratung ein »Schuldig« abzuringen. Der Mob auf der Straße feierte. Hauptmann beteuerte seine Unschuld, keiner verstand ihn, ein Dolmetscher wurde ihm verweigert.

So landete der Kamenzer am 3. April 1936 auf dem elektrischen Stuhl. Zum Zeitpunkt der Tat gab es die Todesstrafe für Kidnapping nicht, diese wurde erst im Zuge des Verfahrens eingeführt. Schon damals wurde dieser Verstoß gegen das Rückwirkungsverbot von einigen Juristen gerügt.

Nach der Hinrichtung Bruno Hauptmanns gelang es der Justiz nicht, die Akte zu schließen, so gerne man es auch getan hätte. Jetzt meldeten sich nach und nach diejenigen zu Wort, deren Äußerungen im Mediengeschrei vor der Hinrichtung nicht zu hören waren. Auch Richter und Geschworene mussten einräumen, nicht alle entlastenden Gesichtspunkte gewürdigt zu haben. Lindbergh gab zu, dass er bei der Lösegeldübergabe mehr als 70 Meter vom Geschehen entfernt war und die Stimme des Geldempfängers doch nicht so genau gehört habe. Auch die Graphologen bekamen die Quittung. In den Akten fand man Schriftproben von Hauptmann, er war genötigt worden, die Eigenheiten der Schrift des Erpresserbriefes nachzuahmen. Jetzt erhob sogar der Gouverneur von New Jersey seine Stimme: Er habe Bruno Hauptmann im Gefängnis gesprochen und eine Vielzahl Widersprüche zur Beweisaufnahme gefunden. Die Vernehmer mussten einräumen, mehrfach Gewalt gegen den Kamenzer in den Verhören angewendet zu haben.

Charles Augustus Lindbergh.

Die Witwe Hauptmanns kämpfte bis zu ihrem Tode um die Rehabilitierung ihres Mannes. Das wurde zu ihrer Lebensaufgabe.

1961 erhielt ihre Hoffnung einen Auftrieb. In diesem Jahr fand man überraschenderweise in Griechenland beträchtliche Mengen des gekennzeichneten Lösegelds. Recherchen förderten zu Tage, dass der Eigentümer dieses Geldes, Constantinos Maratos, zur Tatzeit in den USA gelebt hatte, 1935 gleichermaßen überhastet und vermögend nach Griechenland zurückgekehrt sei. Seine äußere Ähnlichkeit mit Bruno Hauptmann sei verblüffend gewesen. Aber Maratos hatte inzwischen Selbstmord verübt und konnte nicht mehr befragt werden.

Erst 1982 erstritten unermüdliche Juristen den Zugang zu den Akten. Und sie fanden weitere entlastende Momente. So konnte die Aussage des damaligen Ermittlungsführers entkräftet werden, es hätte auf dem Brief mit der Lösegeldforderung keine Fingerabdrücke gegeben. Tatsächlich waren Fingerabdrücke genommen worden, sie stimmten mit denen Bruno Hauptmanns jedoch nicht überein.

In den späten 80er Jahren beauftragte die Witwe Hauptmanns den amerikanischen Rechtsanwalt Robert R. Bryan mit dem Mandat zur Rehabilitierung. Bryan hatte sich bereits einen Namen mit Siegen in aussichtslosen Fällen gemacht. Er kämpft seitdem für eine Wiederaufnahme des Verfahrens.

2012 reiste er in das ihm unbekannte sächsische Städtchen Kamenz. Im überfüllten Ratssaal informierte er die Bewohner dieses beschaulichen Ortes aus erster Hand darüber, dass auch 80 Jahre nach der Entführung das Kapitel um die Ermordung des Lindberghbabys ebenso wenig zu Ende sei wie das Drama um Bruno Richard Hauptmann, dessen Name seitdem in Amerika bis heute ein Fanal gegen die Todesstrafe ist.

NIEMANDSLAND

Am 20. Juni 1945 fahren Militärwagen in den westerzgebirgischen Ort Schwarzenberg ein. Die sowjetische Militäradministration errichtet im Landkreis eine Kommandantur. Nichts Besonderes. Aber der Krieg ist bereits seit sechs Wochen zu Ende. In Schwarzenberg wird verspätet vollzogen, was in anderen Landkreisen und Städten Ostdeutschlands bereits gängige Praxis ist. Die Sowjets übernehmen. In Schwarzenberg endet ein Missverständnis. Später wird es als Experiment in die Geschichte eingehen. Sechs Wochen blieb Schwarzenberg ein Niemandsland. Der Versuch, eine Eigenstaatlichkeit aufzubauen, eine »Freie Republik«, war gescheitert. Was bleibt, ist eine seltsame Erinnerung.

Wann wird Erinnerung zum Mythos? Wann gerinnt Geschichte in Legenden? Wieviel Mythos ist nötig, um Geschichte zu ersetzen?

Im Rückblick scheint alles ganz einfach. Die Alliierten hatten nach Kriegsende das Schwarzenberger Territorium »vergessen«. Sechs Wochen später wird das politische Niemandsland eingefangen. Aber die sechs Wochen reichen aus, um einen Mythos herzustellen. Künstlich. Jahrzehnte später wird die Freie Republik Schwarzenberg ausgerufen. Eine Utopie, rückwirkend.

Je nach Weltsicht werden noch heute Versatzstücke zusammengebaut, Lücken tun sich auf, der geschaffene Mythos funktioniert, die Geschichte dahinter bleibt blass, ungefügt und immer ein bisschen falsch. Waren diese sechs Wochen in Schwarzenberg ohne Besatzungsmacht wirklich der Versuch, eine Utopie umzusetzen? Hat das Volk in Ermangelung eines Besatzers alle Kraft in die Hände genommen und für diese Zeit ein völlig neues Staatswesen kreiert? War das die Erfüllung des Traums, der seit Thomas Morus' »Utopia« geträumt wird? Stand Schwarzenberg tatsächlich mit freiem Volk auf freiem Grund, bis die Russen kamen und alles abrupt beendeten?

Der Mythos ist bis heute wirkungsvoll, er spült touristisches Geld in die notorisch klamme Stadtkasse, auch noch 75 Jahre nach dem seltsamen Kapitel. Eine Freie Republik Schwarzenberg lässt sich vermarkten, wie am Rhein die Freie Republik Flaschenhals, die 1919 bis 1923 von den Alliierten ebenfalls unbesetzt blieb.

Stadtansicht von Schwarzenberg.

Was macht Schwarzenberg und seine sechs Wochen besatzungsfreie Zone so bemerkenswert? Ist es die unbewältigte Rezeption, oder ist es die kurioserweise bis heute nicht geklärte Tatsache, weshalb die Alliierten am Ende des Krieges das gesamte Deutsche Reich besetzt hatten, nur nicht das erzgebirgische Schwarzenberg? Bis heute rätseln Heere von Historikern und Verschwörungstheoretikern, warum die Russen in Annaberg stehenblieben und die Amerikaner in Auerbach und Zwickau. Waren die zwischen den Alliierten abgestimmten Karten so schlecht, dass sich Russen und Amerikaner mit der Zwickauer Mulde, der Freiberger Mulde und der daraus entstehenden Mulde einfach nicht mehr zurechtfanden? Hat es Kommunikationsprobleme gegeben? Unwidersprochen, aber auch unbewiesen bleibt die Theorie, das Territorium sei durch vermutete Uranschätze im Boden von besonderem Interesse gewesen und habe in den Geheimverhandlungen zwischen Russen und Amerikanern eine besondere Rolle gespielt. Auch noch weitere abenteuerliche Thesen existieren: Die Amerikaner hätten einen Korridor gelassen, um Raubkunst zu sichern oder Truppen für spätere Auseinandersetzungen mit den Russen zu sammeln. Antworten sind nicht mehr zu finden. Die Akten geben nichts her.

Für die Schwarzenberger war das am 8. Mai 1945 unmaßgeblich. Sie saßen zu Hause und warteten auf die Besatzer, die letztlich nicht kamen. Der seit 1944 amtierende Landrat Friedrich Hänichen musste bis zum 12. Mai warten, ehe sich überhaupt etwas tat. Es erschienen schließlich die Schwarzenberger Urgesteine Willy Krause, Willy Irmisch und Hermann Schlemmer, die sich als Vertreter eines selbsternannten antifaschistischen Komitees auswiesen und die Absetzung des Schwarzenberger Bürgermeisters Ernst Rietzsch forderten. Sie begründeten ihre Forderung damit, dass Rietzsch nicht energisch gegen die NSDAP vorgegangen sei und nicht für eine sofortige Entwaffnung gesorgt habe. In Ermangelung vorhandener Strukturen beugte sich Landrat Hänichen und verfügte die Absetzung von Bürgermeister Rietzsch. Dieser wies in einem eilig formulierten Brief darauf hin, dass er die Entwaffnung wegen möglicher Plünderungen ausgesetzt habe. Aber letztlich ging es nicht mehr darum. Rietzsch war seit 1921 Bürgermeister in Schwarzenberg, ein bürgerlicher Mann durch und durch. Bereits 1925 hatte es drei Abberufungsanträge der Kommunisten in Schwarzenberg gegen Rietzsch gegeben, die der Bürgermeister alle überstanden hatte. Im Vakuum nach dem 8. Mai 1945 wurden alte Rechnungen beglichen.

Der abgesetzte Bürgermeister Rietzsch indes hielt sich wenige Monate als Gelegenheitsarbeiter über Wasser, bis er im Dezember 1945 von den Schwarzenberger Kommunisten verhaftet und den Russen überstellt wurde. Diese verurteilten ihn 1946 zum Tode.

Mehr und mehr schiebt sich im Schwarzenberger Machtvakuum der Klempner Paul Korb in den Vordergrund. Kommunist, Stalinist, im Konzentrationslager gewesen, dann an der Front und schwer verwundet. Jetzt beginnt seine Karriere. Er wird Polizeichef von Schwarzenberg und nimmt auch später wichtige politische Schlüsselstellungen in der Region ein.

1984 erscheint Stefan Heyms Roman »Schwarzenberg«. Im Westen. In der DDR ist er verboten. Heym formuliert die sechs Wochen Niemandsland in Schwarzenberg als Versuch einer sozialistischen Utopie, ohne Dirigismus, ohne Stalinismus. Paul Korb ist einer seiner wichtigsten Ansprechpartner bei der Recherche.

Obwohl Heym seinem Roman in einer Vorbemerkung den Hinweis mitgibt, dass der »Text sein eigener« ist und ausschließlich Literatur sei, entwickelt das Buch den Mythos weiter. Es fällt dem unfreiwilligen Ost-West-Schema zum Opfer: Ein Buch, dass im Westen erscheint und in der DDR verboten ist, kann nur Wahrheiten enthalten. Aus Bürgermeister Rietzsch wird bei Heym fatalerweise Bürgermeister Pietzsch. Alles klingt authentisch. So verdichtet sich der Mythos, das Volk habe die auf der Straße liegende Macht in die Hände genommen und ein Staatswesen besonderer Art entworfen, einen Dritten Weg, und damit gezeigt, dass ein solcher eben doch möglich wäre. 1995 wird diese These von der PDS in ein Kolloquium gebracht mit dem Titel »Hoffnung auf ein neues Deutschland«. Teilnehmer der Veranstaltung in Schwarzenberg waren unter anderem Stefan Heym und Paul Korb. Ziel war es, zu verdeutlichen, dass die basisdemokratisch entstandenen Aktionsausschüsse brutal von den Ende Juni einmarschierenden Russen aufgelöst wurden und damit der Versuch eines Sozialismus mit menschlichem Antlitz beendet wurde. In der Tat besagte die erste Anordnung des Schwarzenberger Kommandanten vom 24. Juni 1945 die Auflösung der Aktionsausschüsse. Allerdings blieb das ohne jegliche Wirkung, denn die kommunistischen Mitglieder der Ausschüsse behielten ihre Ämter, freilich unter anderen Titeln. Sie führten kontinuierlich die Sowjetisierung weiter, die sie am 12. Mai 1945 im vorauseilenden Gehorsam begonnen hatten.

Kurze Zeit später sorgten dieselben Personen im neuen Amt für die Abberufung des Landrats Hänichen, der dann für vier Jahre ohne Urteil im Schreckensgefängnis Bautzen verschwand.

Mit dem Einmarsch der Russen nach Schwarzenberg Ende Juni 1945 hat es keinen Bruch gegeben. Die Kontinuität blieb. Eine Freie Republik Schwarzenberg hat es nie gegeben. Spätestens am 12. Mai 1945 hatten die Kommunisten übernommen und sechs Wochen später den Russen übergeben. Nicht weniger. Aber auch nicht mehr. Erst 1989 wurden sie abgelöst.

Paul Korb blieb in der späten DDR als einziges verbliebenes Mitglied des antifaschistischen Aktionsausschusses der alleinige Ansprechpartner für Rechercheure und Interessenten am Thema. Er definierte seine eigene Weltsicht, die mangels anderer Zeugen zur Wahrheit erklärt wurden. Korb blieb mit hohen Ämtern versehen, seine staatlichen Auszeichnungen füllen lange Spalten. Nach der Friedlichen Revolution stellte sich heraus, dass er von 1956 bis 1990 Inoffizieller Mitarbeiter des Ministeriums für Staatssicherheit gewesen war. Bis zu seinem Tod 2002 stand er in der Liste der Ehrenbürger von Schwarzenberg.

Am 19. Oktober 1994 wird der 1946 hingerichtete Bürgermeister Ernst Rietzsch von der Generalstaatsanwaltschaft der Russischen Föderation rehabilitiert. Bis heute sind weder Tag noch Ort seiner Hinrichtung, noch seine letzte Ruhestätte bekannt. Sein 1948 enteignetes Vermögen wurde seinen Nachkommen nie zurückgegeben.

Heute wird die »Freie Republik Schwarzenberg« in der Region vermarktet. Reisepässe mit dieser Aufschrift werden gedruckt und für 8,50 Euro verkauft, täuschend echt, mit europäischem Sternenkranz, nur ein Stern ist als ein kleines Tannenbäumchen gekennzeichnet. Geschichten werden erzählt, es habe eigenes Geld in Schwarzenberg gegeben, eigene Briefmarken. Beweise fehlen dafür. Aber die Legenden werden befeuert.

1995 veranstaltet Schwarzenberg ein Volksfest, feiert die »Freie Republik Schwarzenberg« und spielt fröhlich die Verhaftung von Bürgermeister Rietzsch nach. Ein Jahr nach dessen Rehabilitierung. Ein makaberes Schauspiel. Der Mythos hat die Geschichte endgültig eingeholt.

WIE DIE OKTOBERREVOLUTION NACH DRESDEN KAM …

Als im Juni 2009 auf dem Dresdner Urnenhain eine fast völlig verwitterte metallene Tafel, die vom Grabstein abzufallen drohte, notdürftig gereinigt wurde und danach wieder gelesen werden konnte, schloss sich ein Lebenskreis endgültig. Historiker vieler Länder hatten Jahrzehnte nach der letzten Ruhestätte dieses Mannes gesucht. Vermutet wurde sie in Berlin, in Kopenhagen, in St. Petersburg, in Istanbul oder in irgendeiner anderen europäischen Metropole. Gefunden wurde sie bis dato nicht. Der Fund in Dresden wurde zur Sensation.

Biografien, die über diesen Mann geschrieben wurden, endeten in der Regel mit seinem Tod im Jahr 1924 und seiner Einäscherung im Krematorium Berlin-Wilmersdorf. Seine letzte Ruhestätte war unbekannt, viele Historiker gingen davon aus, dass man seine Asche verstreut habe, um das Thema seines Lebens nicht noch durch einen bizarren Wallfahrtsort aktuell zu halten. Nun wurde das Grab in Dresden gefunden. Eine Frage wurde damit beantwortet, neue Fragen entstanden. Warum hat dieser Mann seine letzte Ruhestätte in einer Stadt erhalten, zu der er kaum eine nennenswerte Beziehung unterhielt? Vermutungen begannen aufs Neue. Sollte das Grab in einer für sein Leben bedeutungslosen Stadt geradezu versteckt werden? Fürchteten die Hinterbliebenen die Zerstörung des Grabes, wenn es sich im letzten Heimatort des Verstorbenen befunden hätte? Vor seinem Tod hatte es bereits einen Attentatsversuch gegeben. Wich man daher ins unverfängliche Dresden aus?

Diese Fragen werden nicht mehr zu beantworten sein. Kaum war 2009 der Name dieses Mannes durch das Auffinden seiner Grabstelle wieder in der Öffentlichkeit, begannen die Kontroversen erneut. Das Leben dieses Mannes, der als Alexander Helphand und mit seinem Decknamen Parvus in die Geschichte eingegangen ist, polarisiert auch heute noch, viele Jahrzehnte nach seinem Lebenshöhepunkt. Seine Biografie berührt das, was für viele Menschen ein unberührbares Dogma ihres eigenen Lebens ist. Er steht für das Ereignis, das 1917 zuerst Russland, dann die Welt veränderte und in die Geschichte als Große Sozialistische Oktoberrevolution einging. Dieses Ereignis ist mit dem Namen Wladimir Iljitsch Lenins verbunden. Enthebt man die Oktoberrevolution ihres ideologisch aufgeladenen Ballastes, so tritt Lenin zurück und muss Platz machen für den heute kaum noch bekannten Alexander Helphand, ohne den es die Revolution nie gegeben hätte. Und es öffnen sich weitere Türen in seltsame Richtungen. War die Oktoberrevolution überhaupt eine Revolution? Oder war sie ein von Deutschland bezahlter Putsch? War Lenin ein Mietling der deutschen Regierung? Und: Hat es die Oktoberrevolution überhaupt gegeben?

Antworten könnte allein Alexander Helphand geben. Zeitzeugen wurden von Lenin und später Stalin beseitigt oder in die GULAGs geschickt. Kurz vor seinem Tode hatte Helphand eine große Anzahl wichtiger biografischer Dokumente verbrannt, so dass sich sein Leben heute nur mühsam aus Archiven in Istanbul, St. Petersburg und dem des Auswärtigen Amts in Berlin erschließt.

Alexander Helphand kommt am 27. August 1867 im heutigen Weißrussland als Sohn einer jüdischen Familie zur Welt. Seine Kindheit und Jugend wird von Pogromen bestimmt, das zaristische Russland geht in aller Brutalität gegen die Juden vor. Soziale Verelendung und Not erlebt er aus nächster Nähe. In dieser Zeit entstehen seine Lebensziele: Kampf dem Zarismus, Wunsch nach Reichtum und eine Sympathie für soziale Bewegungen. Das seltsame Amalgam eines künftigen Berufsrevolutionärs.

Von marxistischen Einflüssen wird er erstmalig 1887 berührt, als er in der Schweiz Nationalökonomie studiert und in die entsprechenden revolutionären Kreise gerät. Nach seinem Studium zieht es ihn nach Sachsen. Er wird Mitglied in sozialdemokratischen Gruppen, publiziert in linken Zeitungen und findet Anstellung als Redakteur bei der Leipziger Volkszeitung. Dem Chefredakteur sind die Helphandschen Texte nach einer Weile zu radikal. Er entlässt Helphand. Jetzt tritt Dresden in sein Leben. Der Herausgeber der Dresdner Sächsischen Arbeiterzeitung nimmt ihn als Redaktionsleiter in Dresden unter Vertrag. Die Redaktion sitzt am Wettiner Platz. Helphands in Dresden geschriebene Artikel werden in ganz Europa gelesen und in revolutionären Zirkeln diskutiert. Der in sibirischer Verbannung lebende Lenin ist angetan von diesen Texten und bittet seine Mutter, ihm die Dresdner Sächsische Arbeiterzeitung in die Verbannung nachzusenden. Aber auch die Dresdner Behörden nehmen Kenntnis von diesem Helphand. Seine radikalen Texte wecken in der sächsischen Residenz Argwohn. Man weist ihn wegen revolutionärer Umtriebe aus Sachsen aus. Erst nach seinem Tod wird er nach Dresden zurückkehren.

Inzwischen funktioniert die Zusammenarbeit zwischen Lenin und Helphand. Gemeinsam planen sie die Herausgabe einer eigenen russischen Zeitung »Iskra«. Gedruckt wird ab 1900 in Leipzig. Die Druckerei hat ihren Sitz bezeichnenderweise in der Russenstraße. Die Redaktion arbeitet in Helphands Münchner Wohnung.

Alexander Helphand, Leo Trotzki, Leo Deutsch im Petersburger Gefängnis 1905 (v.l.).

Aufmerksam betrachtet Helphand die weiteren Entwicklungen in Russland. Die wirtschaftliche Not der Bevölkerung erreichte unfassbare Ausmaße. Helphand lässt sich in St. Petersburg nieder und beteiligt sich an den Aufständen 1905/1906, wird verhaftet und nach Sibirien deportiert. Kurz nachdem er sein Urteil »Drei Jahre Verbannung« .entgegengenommen hat, flieht er. Er mietet eine Wohnung in Berlin an. Für sein weiteres Lebensziel, ein Leben in Luxus, übernimmt Helphand Verlagslizenzen für russische Autoren in Deutschland. Gorkijs »Nachtasyl«, das er an den Berliner Theatern platzieren kann, beschert ihm ein Vermögen. Dabei betrügt er Gorkij um dessen Tantiemen. Später wird er treuherzig Gorkij beichten, dass er das Geld bei einer Vergnügungsreise mit einer

Geliebten durchgebracht habe. Jahre danach begegnet Gorkij dieser Dame und bezeichnet sie ironisch als »Meine Teuerste …«.

Über Berlin und Wien plant Helphand seinen neuen Wirkungsort: Konstantinopel. Dort baut er ein florierendes Handelsgeschäft auf, versorgt das türkische Heer als Alleinlieferant mit Lebensmitteln. Er wird damit reich. Gleichzeitig entdeckt er Konstantinopel als Zentrum der Spionage. Die Stadt ist ein Sammelbecken für Geheimdienstleute jeglicher Couleur. Er baut dort eigene Kontakte auf, die ihm später unschätzbare Dienste leisten sollten.

Inzwischen hatte der Erste Weltkrieg ganz Europa überzogen. Nach der ersten Euphorie war in Deutschland Ernüchterung eingezogen. Der Krieg an mehreren Fronten, im Westen gegen Frankreich und im Osten gegen Russland, überfordert die Deutschen. Ein Desaster droht. Die Generalität beginnt zu verzweifeln.

Da geht im politischen Berlin ein Brief ein. Die Beamten des Auswärtigen Amtes auf der Wilhelmstraße zermartern sich den Kopf, wer dieser Helphand sei, von dem das merkwürdige Schreiben stammt. Sie irritiert der Inhalt: Russland könnte destabilisiert werden. Mit deutschem Geld könnte man einen Generalstreik und einen Aufstand organisieren und bezahlen. Mit Waffen könnten russische Aufständische den Zaren stürzen und ein politisches Regime an die Regierung putschen, das dem deutschen Wunsch nach einem sofortigen Friedensvertrag nachkommt. Dann wäre für Deutschland der verheerende Zweifrontenkrieg vorbei.

Man lässt Helphand nach Berlin kommen, und dieser erläutert den staunenden Generälen seinen geradezu unfassbaren Plan in allen Einzelheiten. Auch konkrete Schritte hat er bereits vor Augen. Die Kontakte nach Russland bestünden bereits und wären belastbar.

Und er kenne auch einen Mann, der nach dem Putsch die Regierung in Russland übernehmen könne. Dieser sei ein fähiger Organisator, verfüge über Charisma, könnte skrupellos genug für ein solches Vorhaben sein und hielte getroffene Abreden mit Sicherheit ein. Nur lebe dieser Wladimir Iljitsch Lenin im Schweizer Exil und stünde auf deutschen Fahndungslisten. So abenteuerlich das alles klang, eine echte Alternative hatten die geplagten deutschen Generäle nicht. So fährt Helphand nach Bern, um sich mit Lenin zu besprechen. Lenin ist durchaus interessiert, aber klug genug, sich an Helphand nicht zu sehr zu binden. Wenn Kontakte, dann nicht direkt, sondern über Mittelsmänner.

Inzwischen hat man in Berlin umfangreiche Geldmittel zur Verfügung gestellt. Sechs Millionen Mark im März 1915, vier im Juli, dann 20 Millionen im Spätherbst. Die erste Million der Rate von 20 Millionen quittiert Helphand brav mit dem Verwendungszweck *»… zur Förderung der russischen Revolution …«*.

Geplant wird die Revolution für den 22. Januar 1916. Zunächst soll ein Generalstreik her. Geld ist genug da. Für Waffen, für Zeitungen und als Handgeld. Jeder Streikende erhält pro Tag von Helphand 1,50 Mark. Aber der Streik wird zum Desaster. Weniger als 100.000 Menschen legen in Russland die Arbeit nieder. Viel zu wenige für einen Umsturz. Für Helphand und für Deutschland ist das eine Niederlage. Ausgerechnet zu Beginn des Jahres 1916 hatte der Zar Maßnahmen zur Verbesserung der Lage der Bürger erlassen. Große Lust für eine Revolution hatten die Russen gerade nicht.

Helphand nimmt neuen Anlauf und gründet eine Firma. Import Export. Mitgesellschafter ist Jakow Fürstenberg, Lenins Finanzfachmann. Über diesen Kanal laufen Gelder erneut in Richtung der Bolschewiki.

Zu Beginn des Jahres 1917 verschlechtert sich die Lage in Russland wieder. Hunger regiert im Land.

Helphand bekommt seine zweite Chance. Im Februar gibt es erneut Streiks, diesmal schließen sich die Soldaten an. Der Zar wird gestürzt, eine provisorische Regierung eingesetzt.

Lenin ist in seinem Schweizer Exil wie elektrisiert. Er muss sofort nach Russland. Aber wie kommt er dahin? Durch Deutschland kann er nicht fahren, dort wird er gesucht und würde unweigerlich verhaftet werden. Auch hier kann Helphand helfen. Er sorgt für einen Zug, den Lenin mit seinen Mitrevolutionären am 9. April 1917 in Zürich besteigt. Nach Schließung der Türen wird der Zug mit Billigung der deutschen Behörden als exterritorial gekennzeichnet. Damit verbieten es sich die Deutschen mit einem Augenzwinkern selbst, den gesuchten Lenin zu verhaften.

Er gelangt problemlos nach St. Petersburg. Dort muss er feststellen, dass er steckbrieflich gesucht wird. Stalin rasiert ihm persönlich den Bart ab, Lenin weicht mit verändertem Gesicht kurz ins benachbarte Finnland aus. Und er spürt, dass seine Chance ganz nahe ist. Diesmal soll Helphands Plan funktionieren. Der Aufstand der Bolschewiki in Petersburg wird vom Panzerkreuzer Aurora eingeleitet, dann wird das Winterpalais gestürmt. Das Militär war der provisorischen Regierung längst abhandengekommen. Lenin hat gewonnen.

Helphand verfolgt alles aus dem sicheren Stockholm. Verdient hat er an diesem Coup gut, an deutschem Geld. Jetzt hofft er auf Lenins Belohnung. Helphand liebäugelt mit dem Amt eines Volkskommissars in der neuen russischen Regierung. Aber Dankbarkeit ist keine politische Größe. Im Gegenteil. Lenin äußerte beziehungsvoll über seinen Steigbügelhalter *»Die Sache der Revolution darf nicht mit schmutzigen Händen besudelt werden.«* Man liebt den Verrat, jedoch nicht den Verräter. Ein weiterer Kontakt zu Helphand würde

Lenin unweigerlich kompromittieren. Nachdem die Bolschewiki die Macht erobert hatten, war Helphand sowohl den Bolschewiki als auch den Deutschen im Wege. Er wusste zuviel.

Helphand wollte Lenin benutzen, in Wirklichkeit benutzte Lenin Helphand. Gegenüber der deutschen Generalität hält Lenin allerdings Wort. Noch in der Nacht nach seiner Machtübernahme erlässt er das »Dekret über den Frieden«. Als der beauftragte Trotzki in den Friedensverhandlungen von Brest-Litowsk plötzlich zögert, greift Lenin ein und beruft kurzerhand Trotzki ab. Der Friedensvertrag wird unterschrieben.

Nochmals braucht Lenin Geld. Der Bürgerkrieg fordert Tribut. Wieder stellen die Deutschen 40 Millionen Mark zur Verfügung, damit Lenin sein Regime stabilisieren kann und den Frieden an der Ostfront hält.

Und Alexander Helphand? Plötzlich ist er eine Randfigur der Geschichte. Gebraucht wird er nicht mehr. Er hat Deutschland den Frieden an der Ostfront gebracht – für das deutsche Heer allerdings zu spät. Er hat Lenin an die Macht geführt. Eigentlich hat er alle ehrlich bedient. Aber jetzt ist er ein gefährlicher Mitwisser und damit eine Gefahr für beide Seiten. Er verbringt seine letzten Lebensjahre in einem schlossartigen Anwesen am Berliner Wannsee. Besuchen ihn anfangs noch alte Weggefährten, so lässt das Interesse an ihm bald nach. Alle sprechen von Lenin. Helphand, der die Strippen im Hintergrund gezogen und die Oktoberrevolution mit deutschem Geld organisiert hatte, vereinsamt.

1922 wird ein Attentatsplan aufgedeckt. Zwei ehemalige preußische Offiziere wollen Helphand in seiner Villa in die Luft sprengen. Er lebt ruhelos, fühlt sich als Gejagter. 1924 verstirbt er, nur wenige Monate nach Lenin. Während dieser ein Staatsbegräbnis bekommt, wird Helphand im Berlin-Wilmersdorfer Krematorium eingeäschert. Dann beginnt die seltsame Reise seiner Asche, bis hin auf den unverdächtigen Dresdner Urnenhain.

Grabstelle von Alexander Helphand auf dem Dresdner Urnenhain.

Keiner will mehr von Helphand hören. Weder für Stalin, den neuen Machthaber der Sowjetunion, noch für die Repräsentanten der neuen deutschen Republik ist der Fakt, dass die Sowjetunion mit deutschem Geld geboren wurde, appetitlich.

16 Jahre nach Helphands Tod bekommt dessen in Rom lebender Sohn Leon von Stalin unvermittelt eine Einladung nach Moskau. Helphand jr. ahnt nichts Gutes. Er setzt sich mit seiner Familie unter dem Namen Moore sofort nach New York ab. Nach seinem Tod erbittet ein amerikanischer Historiker von der Witwe die letzten verbliebenen Originalunterlagen aus dem Familienbesitz. Er will eine Biografie über Alexander Helphand, den Mann, der Lenin an die Macht brachte, schreiben. Mit viel Geld wird der ambitionierte Historiker umgestimmt. Das Buch erscheint nie.

BILDNACHWEIS

Heidi Pötzsch: Titelbild, S. 45, 79.
Sabine Hunger: S. 16.
Lusatia Verlag Bautzen, »Geschichte der Stadt Schirgiswalde«: S. 29.
Wikipedia H.-P. Haack: S. 46.
Lessing-Museum Kamenz: S. 58.
Andreas Grieger: S. 65.
www.freie-republik-schwarzenberg.de: S. 69.
Pressestelle Bistum Dresden-Meißen: S. 50.